Kathrin von Maltzahn

Mein Herz schlägt für DÄNEMARK

DÄNEMARK REISEFÜHRER

Band III · Dänemark für Genießer

INHALTSVERZEICHNIS

INSELN

STÄDTE

KOPENHAGEN ENTDECKEN

IHR URLAUBSORT **VON OBEN**

Einen Blick von oben auf die Urlaubsorte bieten unsere tollen Drohnenvideos. Sie zeigen alle Regionen, Orte und die Strände aus der Vogelperspektive.

www.von-oben.dk

DAS URLAUBSHANDBUCH

Wiederkehrende Elemente und kleine Helfer – Band I bis III

♥ Unsere Tipps

Das Herz im Text zeigt schnell, was wichtig ist und was der Ort zu bieten hat.

Randinfos – Wichtiges schnell erfassen

Am Rand gibt's zu jedem Herz eine Erläuterung oder einen Link auf zusätzliche Informationen (Bindestriche am Zeilenende bitte nicht mit eingeben).

Familienurlaub

➶ sommerfugle-
parken.dk

QR-Codes scannen

Der QR-Code verlinkt direkt zum ausführlicheren Artikel auf www.fejo.dk mit Strandbeschreibungen, Ausflugstipps, hilfreichen Links und vielen schönen Ferienhäusern.

Frederiksberg
Park

EINLEITUNG

Dänemark genießen – mit allen Sinnen

Nun ist es vollbracht: Drei Bände sind mit meinen Impressionen, Erfahrungen, Tipps und Empfehlungen zum Thema Urlaub in Dänemark gefüllt. Schon nach dem ersten Band stellten einige Leser die Frage, was denn mit Kopenhagen sei, ohne ein Kapitel über die dänische Hauptstadt wäre doch kein Reiseführer vollständig. Das ist wohl wahr! Den Genuss eines Ausflugs in die dänische Hauptstadt darf man sich nicht entgehen lassen. Ich habe so viel in Kopenhagen gesehen und erlebt, dass ich mehr als die Hälfte von Band III dieser wundervollen Stadt widmen konnte. Allgemeine Infos, eine Übersicht über die wichtigsten Stadtteile, über Kirchen und Museen, Architektur und Gastronomie habe ich ergänzt mit verschiedenen Vorschlägen für einen Tag in Kopenhagen. Ob mit Kindern, mit dem Fahrrad, fast umsonst, mit dem Bus oder mit Lust am Shoppen ist hoffentlich für jeden ein Kapitel dabei, das ihm den Tag in Kopenhagen strukturiert und versüßt!

Aber da sind ja noch zwei Städte, die einen Besuch wert sind, vor allem, weil sie näher an den beliebtesten Urlaubsorten entlang der Nordseeküste liegen: Aarhus und Aalborg. Beide Städte haben mich auf ihre Art fasziniert und sie lassen sich bei jedem Wetter genießen. Besonders Aarhus hat mich beeindruckt, als Kulturhauptstadt Europas 2017 ist die Stadt auch zu internationalem Ruhm gelangt. Die herrliche, waldreiche Umgebung, kombiniert mit moderner Architektur und einer gemütlichen Altstadt machen die Stadt fast so interessant wie Kopenhagen – nur ein wenig kleiner und überschaubarer.

Aalborg ist eine aufstrebende Stadt am Limfjord. Was hier in den letzten Jahren gebaut wurde, kann sich mit den großen Schwestern auf alle Fälle messen! Dennoch ist es eine eher kleine Stadt, die man gut an einem Tag zu Fuß oder mit dem Rad erkunden kann. Durch die Nähe zu Nordjütlands Ferienhausgebieten lohnt es sich, mehrmals nach Aalborg zu fahren und die Kulturangebote intensiver zu nutzen – oder auch nur einmal mehr in den schönen Cafés und Restaurants in der Altstadt zu sitzen.

Doch was wäre dieses Buch ohne die drei Königinnen der dänischen Genießerinseln: Samsø, Læsø und Bornholm. Alle drei haben mich vom ersten Moment an aus ganz unterschiedlichen Gründen begeistert und das nicht nur, weil ich ein Liebhaber von Inselatmosphäre bin.

Læsø liegt so weit draußen in der Ostsee, dass schon die Anreise ein Abschied vom Alltag ist. Die unendlichen Sandstrände, die Ruhe, das Rauschen der Bäume und das Klappern der Segel in den beiden Häfen klingen mir noch heute wie eine schöne, vertraute Melodie in den Ohren. Auch der Gaumen erinnert sich, Læsø Salt steht seit dem Besuch in der Syderiet immer auf meinem Tisch und den frischen Geschmack eines Jomfruhummers hat seitdem kein Meeresgericht übertreffen können.

Bei Samsø war ich zunächst skeptisch, in meiner Vorstellung war es eine grüne, strandlose und etwas langweilige Bauerninsel. Doch weit gefehlt! Auf Samsø begrüßten mich wunderschöne, lange Sandstrände, malerische, grüne Hügel und ein Fachwerkdorf wie aus dem Bilderbuch. Und selbst die Landwirtschaft lernte ich lieben. Dass eine ganze Insel nach frischem Gemüse duften kann und überall reife Früchte die Landschaft zieren, kam in meiner von Rübenfeldern und Getreide geprägten Vorstellung bisher nicht vor. Gut, dass ich auf Samsø war!

Bornholm – der Bornholmer ist ein goldgelb geräucherter Hering und Sinnbild für eine unübersehbare Tradition der Insel. Die markanten Räucheröfen zieren jeden Ort. Im Süden der Insel ist der Sand so fein, dass er für Sanduhren verwendet wird, seine helle Farbe erinnert an die Karibik. Mich hat das waldreiche und felsige Gebiet in der Inselmitte am meisten beeindruckt. Stundenlang kann man hier radeln oder wandern und hinter jeder Biegung wartet ein neues Naturerlebnis. Ähnlich erlebte ich den Küstenwanderweg, der die Insel komplett umrundet und alle Schönheit und Vielfalt vereint. In der Nebensaison ist es am ruhigsten, doch während der Hochsaison öffnen die wunderbaren Lokale, für die es sich alleine lohnen würde, nach Bornholm zu fahren.

Eine separate Übersichtskarte zum Mitnehmen für die Städte liegt dem Buch bei.

Liebe Leser, genießt das Buch, das Land und die Vorfreude auf den nächsten Dänemarkurlaub!

Bornholm
Fischerhaus

INSELN UND STÄDTE

Die Dänen lieben ihre Genießerinseln **Samsø**, **Læsø** und **Bornholm**. Wer einmal dort war, weiß warum! Und hat man genug von Ruhe und Erholung, locken **Aarhus**, **Aalborg** und **Kopenhagen** mit großartigen Erlebnissen.

Ø – wie schön!

Das dänische Wort für Insel lautet schlicht und einfach ø, darum enden die Namen für **Samsø** und **Læsø** mit diesem Buchstaben. Holm bedeutet ebenfalls „Insel", in der Regel ist damit eine sehr kleine oder eine Flussinsel gemeint. Auf **Bornholm** trifft das allerdings nicht zu, sie ist die größte der drei Genießerinseln und zudem die einzige mit massiven Granithügeln. Bornholm und auch Læsø liegen recht weit vom Mutterland entfernt, trotzdem gehören sie wie Samsø zu den beliebtesten Urlaubszielen der Dänen. Nach Samsø ist es sogar von Deutschland aus nur ein Katzensprung, die Überfahrt von Jütland dauert ebenso eine Stunde wie die zweite Fährverbindung ab Seeland. Nach Læsø und Bornhom ist man wesentlich länger unterwegs. Brücken gibt es nicht und wird es wohl auch nie geben. Der größte Schatz dieser Perlen in der Ostsee ist ihre Abgeschiedenheit, durch die sie die eigene Kultur bestens bewahren und pflegen können.

Dennoch sind die Inselgemeinden keine verarmten Bauern- und Fischerdörfer, ganz im Gegenteil. Hier gibt es komfortable Ferienhäuser, die besten Restaurants und vor allem **regionale Köstlichkeiten**, die über die dänischen Grenzen hinaus bekannt sind.

Auch **Kunsthandwerk** hat auf den Inseln eine besondere Tradition. Die Ruhe und die Weite des Himmels über einem Eiland inspirieren Künstler immer wieder. Ein weiteres Argument dafür, eine Galerie auf Samsø, Læsø oder Bornholm zu eröffnen, sind sicher die vielen Gäste, die in den Sommermonaten auf die Inseln strömen.

Für die Urlauber ist die **Natur** das größte Kunstwerk. Die feinsten Sandstrände, das größte Waldgebiet Dänemarks, weitläufige Salzwiesen oder grüne, eiszeitliche Hügel – jede Insel hat eine Besonderheit, die es nur hier und sonst an keinem anderen Ort in Dänemark gibt. Ø, wie schön, kann man da nur sagen!

Bornholm
Dueodde
Strand

Samsø – ein Hochgenuss für alle Sinne

Die Samsinger, wie die Bewohner der Ostseeinsel genannt werden, blicken auf eine lange Inselgeschichte zurück. Schon die Wikinger nutzten die Insel aufgrund der zentralen Lage als Versammlungsort. So gaben die beiden dänischen Worte für „versammeln“ (samle) und für „Insel“ (ø) diesem herrlichen Idyll seinen Namen: Samsø. Die Insel ist vor allem wegen seiner umweltfreundlichen Lebensweise und der naturnahen Landwirtschaft mit ihren köstlichen Produkten bekannt.

Die Dänen sind insgesamt sehr stolz auf diese Insel, auch wenn nur etwa 4.000 Insulaner ganzjährig in den 22 kleinen Dörfern leben. Wahrlich nicht viele, wenn man bedenkt, dass Samsø 28 Kilometer lang ist. Im Sommer tummelt sich ein Vielfaches an Urlaubsgästen auf der Insel, besonders die Dänen selbst fahren gern nach Samsø. In der Vor- und Nachsaison ist es dafür ruhig. Die Häuser sind günstig und im Spätsommer lockt die reichhaltige Gemüseernte. Auf Samsø wird in der Perfektion gelebt, was Dänemark ausmacht: Ein hohes

♥ ökologisches Bewusstsein geht einher mit dem Wunsch nach purem Genuss und dem richtigen Blick für die Schönheit der kleinen Dinge. Samsø ist zwar eine beliebte Urlaubsinsel, aber im Vergleich zu den Touristenzentren in Westjütland oder Nordseeland ist es nach wie vor ursprünglich und sehr ländlich. Mit einem Offshore-Windpark, dessen Anteile den Samsingern gehören, einem Sonnenkraftwerk und mehreren Biogasanlagen ist Samsø sogar weitgehend ♥ energieunabhängig und exportiert bereits unglaubliche 40 % seiner Energieerzeugung an das restliche Dänemark.

Vorreiter für die Energiewende

Viele Gemüsebauern verkaufen in kleinen Hofläden oder an den typisch dänischen Straßenständen die eigenen Produkte und lassen die Herzen jedes Hobbykochs höher schlagen. Besonders die ♥ Samsø-Kartoffel wird im Frühjahr stets mit großer Vorfreude erwartet. Sie ist schon längst nicht mehr nur eine regional bekannte Köstlichkeit, sondern landesweit ein anerkanntes Qualitätsprodukt.

Lokale Spezialitäten

Im Frühjahr werden hier die ersten Kartoffeln des Nordens geerntet und in Kombination mit dem köstlichen ♥ Spargel der Insel beginnt die Saison für Feinschmecker. Den ganzen Sommer und Herbst hindurch reifen alle Arten von Obst und Gemüse auf den Feldern, selbst Sellerie, orange leuchtende Kürbisse und knackige Kohlsorten bekommt man dann ♥ erntefrisch am Straßenstand. Vielleicht wächst im Ferienhausgarten neben Apfel- und Birnenbäumen auch ein Feigenbaum, der bei mildem Wetter Früchte trägt. Im Dorf **Besser** hängen üppige Weintrauben an den Reben des Søgård, aus denen in guten Jahren ♥ Alstrup Vin gekeltert wird. Ist das Jahr mal nicht so sonnig, produziert der Søgård Créme de Cassis aus Schwarzen Johannisbeeren von der Insel. Beim alljährlichen ♥ Råvarefestival im Juni wird die ganze Vielfalt der Landwirtschaft auf Samsø mit Musik und Tanz präsentiert.

Feinschmecker-Insel

Dänischer Rotwein

Ferienhäuser und Badestrände für Genießer

Trotz der Abgeschiedenheit und der Ursprünglichkeit gibt es eine Vielzahl toller Ferienhäuser auf Samsø. Die bekanntesten und schönsten Siedlungen findet man im Norden, seine für Dänemark untypische Hügellandschaft macht den besonderen Reiz der Nordinsel aus.

Das größte Ferienhausgebiet **Mårup Østerstrand** liegt an der Ostküste und zeichnet sich durch die Nähe zum ♥ schönsten Strand der Insel aus. Der Sand

Strandurlaub

vor Øster Mårup ist fein, fast steinlos und das klare Wasser wird dank der flachen Küste nur langsam tief. Hagebutten, Sanddorn und Strandhafer wachsen überall und in der Ferne sieht man die grünen Hügel von **Nordby Bakker**.
Den einzigen Supermarkt der Nordinsel findet man im Dörfchen **Mårup**. Er ist ganzjährig geöffnet, zum Service gehören auch eine Tankstelle und ein Geldautomat. Gleich nebenan bietet ein gut bestückter Straßenstand Gemüse und Obst aus eigenem Anbau an. Eisliebhabern sei die unscheinbare ♥ Eisdiele Casa Tua am Ortseingang von Mårup empfohlen. Hier wird italienische Eiscreme nach Großmutter Cilinas Rezept hergestellt. Es ist wohl die einzige Eisdiele auf Samsø, die selbst produziert. Köstlich!

Lokale Spezialitäten

Im historischen Dorfkern von **Nordby** und auch inmitten der Hügel von **Nordby Bakker** stehen Ferienhäuser in besonderer Umgebung. Hier wohnt man in unberührter, stiller Lage zwischen grünen Hügeln. In den ♥ Gassen von Nordby sind die alten Häuser zu Ferienunterkünften mit einem ganz eigenen Charme umgebaut worden. Zum Strand geht man etwa einen Kilometer durch die Felder bis zur sandigen **Nordby Bucht**, dennoch ist dieser Ort einer der schönsten für einen Urlaub auf Samsø. Während der Saison öffnen nette Restaurants und Cafés. Im ♥ Nordøens Restaurant werden leckere Grillgerichte serviert, im ♥ Café Underground bekommt man Kuchen und Eis sowie allerlei Nippes zum Stöbern. Der Winter gehört den Enten am Dorfteich, von Oktober bis April haben alle Lokale und Geschäfte geschlossen.

Puppenstubenidyll

Am **Mårup Havn**, der nach Westen zeigt, werden Ferienhäuser mit Meerblick angeboten. Der teils sandige, teils steinige Strand und der ♥ Mårup Havn Kiosk mit Restaurantbetrieb machen den kleinen Hafen zu einem schönen Urlaubsziel, abseits der touristischen Zentren.

Essen mit Meerblick

Die **Sælvig Bucht** und die **Mårup Bucht** liegen vor der Westküste und sind fast auf ganzer Länge von ♥ feinem Sandstrand mit wenigen, kleinen Steinchen gesäumt. Das sehr flache Wasser ist ideal für Kinder, zum Schwimmen muss man aber recht weit hinauswaten. Die Hauptstraße zwischen Nord- und Südsamsø verläuft in der Nähe der Küste, aber eine flache Düne und grüne Hecken schirmen den Strand ab. Nur in der Mitte der Bucht fehlt der Sichtschutz, hier baden bloß die Wasservögel. Kurz vor **Sælvig** liegt das einzige Ferienhausgebiet an der Bucht. Ein Teil der Ferienhäuser steht in einem Wäldchen nahe des Campingplatzes, dort bietet ein Kiosk im Sommer Eis und frische Brötchen an. Rund um

Familienurlaub

den Fährhafen von Sælvig gibt es weitere Ferienhäuser. Einen richtigen Ortskern oder ein Geschäft gibt es hier nicht, aber das Restaurant ♥ Samsø Perlen bietet zusätzlich Speisen außer Haus an, falls der Kühlschrank mal leer sein sollte. Der flache Strand der Sælvig Bucht beginnt erst nördlich der Ferienhaussiedlungen. Vor den Ferienhäusern erhebt sich eine steinige, kleine Steilküste. Südlich vom Hafen findet man ebenfalls ein bisschen Sandstrand. Da alle Fahrzeuge aus Jütland in Sælvig von der Fähre rollen, sollte man bei der Hausauswahl die Lage zur Straße beachten.

♥ Ungestörte Badefreuden, die man aber nur zu Fuß erreicht, bietet der Strand im Osten der **Nordby Hede**. Entweder läuft man am Mårup Østerstrand nach Süden bis zum Ende der Bucht oder spaziert vom Parkplatz am Langørvej durch den Wald. Der Strand ist sehr schön, fast menschenleer und auch als Freibadeplatz bekannt. Lieblingsplatz

Wo dieser Strand endet, beginnt der **Stavns Fjord** mit dem Hafen **Langør**, der den Osten der Inselmitte bestimmt. Hier gründeten die Wikinger einst ihre erste Siedlung auf Samsø. Die geschützte Lage und die Schönheit des Fjordes mit seinen malerischen, grünen Inselchen boten sich geradezu an für eine Siedlung. Um bei einem Angriff nach Westen in die offene See flüchten zu können, gruben sie den **Kanhavekanalen**. Diese Verbindung zur Sælvig Bucht ist heute noch als trockener Graben zu besichtigen, ein eisernes ♥ Wikingerschiffsmodell erinnert an die ersten Siedler. Denkmal für die Wikinger

Wer nicht unbedingt Strand vor der Tür braucht, könnte eines der wenigen Ferienhäuser auf ♥ Langør buchen. Die Vogelwelt auf den Salzwiesen zwitschert vor dem Wohnzimmerfenster, die weiße Kirche leuchtet in der Sonne und die Segler gleiten lautlos in den Jachthafen. Abends serviert das Fischrestaurant ♥ Smokehouse Wein und ♥ Räucherfisch, während die Sonne am hügeligen Horizont Lieblingsplatz Lokale Spezialitäten

Møgelskår

versinkt. Viel schöner lässt es sich fast nicht wohnen.
Den Sonnenuntergang direkt über der Ostsee kann man im Ferienhausgebiet **Vesterløkken** in vollen Zügen genießen. Alle Ferienhäuser stehen hier recht nah am Meer und der Blick entschädigt für die bescheidenen Strandbedingungen. Schmale Pfade führen hinab zum steinigen Ufer. Am Rosenvej gibt es einen Badesteg, ansonsten muss man über die Kiesel ins Wasser waten. Die Umgebung ist ebenso friedlich wie unspektakulär.

Lebhafte Hafenstimmung

Wer neben Ruhe und Natur auch nach etwas Unterhaltung sucht, ist in **Ballen** bestens aufgehoben. Der kleine Ort liegt im Südosten der Insel, wo die Fähre aus Seeland anlegt. Das Zentrum bildet der große ♥ Jachthafen. Ein schöner Sandstrand mitten im Hafen lädt zum Buddeln ein, rundherum verteilen sich Restaurants, ein kleiner Supermarkt und ein paar Geschäfte. Selbstverständlich gibt es auch einen ♥ Fischimbiss (Røgeriet) mit einer Terrasse direkt über dem Hafen.
Im historischen ♥ Købmandsgården war einst der Maler und Dichter Holger Drachmann mit seiner Frau zu Gast. Seine Begeisterung für die schöne Insel lockte neue Gäste in den Gasthof und legte damit den Grundstein für den florierenden Tourismus auf Samsø. Im Købmandsgården werden noch heute ♥ historische Kaffeetafeln mit Geschichten aus der alten Zeit angeboten. Im Vorderhaus bekommt man Delikatessen von Samsø und kühle Getränke im kleinen Gastgarten.

Räucherfisch mit Meerblick

Inselgeschichte

Inselvielfalt – eine Reise von Nord nach Süd

Durch die ungleichmäßige Form der Insel gliedert sich Samsø geografisch in drei Teile: Den runden, großen Süden, den schmalen Mittelteil und die kleinere Inselspitze im Norden. Jeder Teil hat seine eigenen Besonderheiten.
Der nördliche Inselteil hat die schönste Landschaft und mit dem mittelalterlichen, eng bebauten Nordby auch ein wahres Schmuckkästchen. Kleine Fachwerkhäuser umrahmen einen malerischen Dorfteich, der ♥ Glockenturm läutet seit über 150 Jahren jeden Tag den Auf- und Untergang der Sonne ein und die Gärten wetteifern um den Preis für die schönste Blütenpracht.

Nordby gehörte im Mittelalter zu den größten Dörfern Skandinaviens. Allein zehn ♥ hölzerne Brunnen waren notwendig, um die Bewohner mit Wasser zu versorgen. Einige Brunnen wurden restauriert und stehen noch heute. Ein Spaziergang

Fotogenes Samsø

durch die ♥ Gassen von Nordby verspricht an jeder Ecke ein neues Fotomotiv.

Naturerlebnisse

Das ♥ Naturschutzgebiet Nordby Bakker beginnt zwischen Mårup und Nordby und reicht hinauf bis an die Nordspitze. Es lässt die Herzen jedes Wanderers höher schlagen. Die Gletscherwanderung der Eiszeit haben dieser imposanten Hügellandschaft ihre einzigartige Form gegeben. Mal geht es lange Zeit bergan, mal wieder bergab, wobei man selten mehr als 20 - 30 Meter Höhe überwinden muss und fast immer das herrlich blaue Meer sehen kann. Die Hügel sind grün bewachsen, im Frühjahr und Sommer blühen auf den Wiesen wilde Blumen, die wie Farbkleckse auf den sanften Hügeln liegen.

Wandern und Radfahren

Das schönste Tal ist völlig unbebaut und wird von einer Herde Gallowayrinder bewohnt, die das Gras kurz halten sollen. Es heißt **Møgelskår** und reicht bis an die Westküste. Vom Mårup Havn beginnt ein ♥ Küstenpfad, der oberhalb der Steilküste bis in das umzäunte Tal führt. Eine ausgeschilderte Zufahrt zum Møgelskår für Fahrzeuge führt an der hübschen ♥ Nordby Kirke vorbei. Unterhalb der Hügel liegt ein steiniger Strand, der bei Anglern recht beliebt ist.

Höchster Punkt der Insel

Ballebjerg ist die höchste Erhebung in Nordby Bakker. Auf seiner Spitze in 64 Metern Höhe steht ein flacher weißer ♥ Aussichtsturm, der eigentlich genau so klein ist wie der Berg selbst. Über Treppen und Trampelpfade geht es hinab zum Strand –

oder aber hinauf, wenn man am Strand entlang gewandert ist.
Die ♥ sandige Landspitze **Issehoved** liegt am Fuß der Hügel. Vom letzten Parkplatz ganz im Norden geht man noch 10 Minuten die Hügel hinab, vorbei an den Schafen, die das Gras kurz halten und so die Blumenpracht im Sommer schützen. Der Strand ist sandig mit einigen Steinen, er ist herrlich zum Spazierengehen und bietet eine fantastische Aussicht in jede Richtung. Naturerlebnisse

Die Reise in den Süden von Samsø führt an der langen ♥ Mårup und Sælvig Bucht entlang. Egal, ob mit dem Rad oder dem Auto – das Meer ist fast immer zu sehen. In der Mitte der Bucht liegen viele dicke Steine im flachen Wasser, auf denen die Kormorane ihre Flügel sonnen. Nach Norden hin weiden Schafe auf den Heidewiesen, daher sind diese Gebiete umzäunt und mit kleinen Toren für Wanderer versehen. Wandern und Radfahren

Im Osten liegt der **Stavns Fjord** mit naturgeschützten Salzwiesen und dem **Besser Rev**, einem schmalen, fünf Kilometer langen ♥ Naturschutzgebiet, das den Fjord nach Süden hin begrenzt. Eine Wanderung auf diesem schmalen Steinstreifen bis zur Spitze und zurück dauert etwa sieben Stunden. Hunde dürfen hier nicht mitgeführt werden. Bei Hochwasser bekommt man eventuell nasse Füße, daher ist diese Wanderung eher etwas für strahlend sonnige und windstille Tage. Während der Brutzeit von Mitte April bis Mitte Juli ist der Zutritt verboten. Unter Anglern ist das Rev als ♥ erfolgreiches Revier bekannt. Naturerlebnisse beliebter Angelplatz

Nicht frei zugänglich, aber während der Blütezeit wunderschön anzusehen ist die Heidefläche der **Nordby Hede** zwischen dem Langørvej und der Ostküste. So weit das Auge reicht, blühen im Spätsommer zart violette Heidewölkchen, dennoch ist es nur ein kleiner Überrest der ursprünglichen ♥ Heideflächen von Samsø. Aus der von Hand gepflanzten Nordby Hede Plantage ist ein dichtes Waldgebiet mit schönen Spazierwegen entstanden. Die Nordby Hede ist privater Grund, die Hinweisschilder bitten um respektvollen Umgang mit der Natur. Naturerlebnisse

Der Süden von Samsø ist flächenmäßig der größte Teil der Insel. Die kleinen Orte sind gleichmäßig verteilt und immer umgeben von Gemüse- und Kornfeldern. Gut befahrbare und eher einsame Straßen verbinden die Dörfer miteinander.
Im Zentrum der Südinsel liegt **Tranebjerg**, die Inselhauptstadt. Hier gibt es den

größten Supermarkt, einige Geschäfte, Banken, eine Tankstelle und Restaurants. Das ♥ Café Kunst ist bunt, bunter, am buntesten – ein Raum ist quietschgelb gestrichen, ein anderer hat leuchtend blaues Mobiliar. Man sieht dem Haus von außen nicht an, was einem hier an Sinneseindrücken geboten wird!
Der Blumenladen ♥ Gartner Jørgensen ist dagegen eher etwas für Liebhaber des schlichten, dänischen Designs. Wunderbare Vasen und Gestecke, feine Delikatessen und hochwertige Weine ergänzen die große Auswahl schöner Pflanzen für den Garten oder auch das Ferienhaus.

Inselmuseum

Das Velkomstcenter des ♥ Økomuseum Samsø im ehemaligen Molkereigebäude begrüßt den Feriengast mit allerlei Informationen zur wirtschaftlichen und kulturellen Entwicklung der Insel. Zum Museum gehören mehrere Gebäude auf ganz Samsø. Direkt in Tranebjerg stimmt der ♥ Museumsgården den Besucher auf inseltypische Gartenpracht und romantisches Fachwerkgemäuer ein. Der Hof erzählt vom Leben einer Landwirtsfamilie zur Mitte des 19. Jahrhunderts. Im Velkomstcenter gibt es die Eintrittskarten zum Museum und viele schöne Souvenirs und Bilder.

Holländermühle

Fährt man von Tranebjerg zum **Brattingsborg** Wald am südlichsten Punkt der Insel weiter, sieht man die ♥ Kolby Mølle rechts auf einem Hügel stehen. Die Mühle ist über 150 Jahre alt und versorgte bis 1947 die Samsinger mit Mehl. Heute ist sie Teil des Økomuseums. Der Leuchtturm

Geschichtsträchtiger Ort

♥ Vesborg Fyr in der geografischen Mitte Dänemarks bietet seinen Besuchern einen tollen Ausblick bis nach Fünen, Seeland und Jütland. Der Hügel unter dem Turm war im Mittelalter der Standort einer der größten Burganlagen des Nordens. Erbaut wurde die Burg von ♥ König Valdemar IV, der unter dem Namen Atterdag als bedeutender Herrscher bekannt ist. Die alten Wälle und Gräben sind noch zu erkennen, die Informationstafeln und die kleine Ausstellung im sogenannten Krudthus wurden aber leider nur auf Dänisch beschriftet.

Größtes Gut auf Samsø

Vesborg Fyr gehört zum Gut ♥ Brattingsborg Gods, dem auch der Mårup Skov, die Nordby Hede und einige Inselchen um Samsø herum gehören. Die Eigentümer wohnen und arbeiten noch heute auf dem Gutshof, daher kann man ihn nur von Ferne erahnen. Im Sommer öffnet die Familie den Schlosspark aber an zwei Tagen pro Woche für Besucher. Im dichten ♥ Brattingsborg Skov, welcher sich hinter dem Schlosspark bis zu einem steinigen Strand an der Südküste erstreckt, kann man ganzjährig bis zum Sonnenuntergang spazierengehen.

Wandern und Radfahren

Oldtimer am Ballebjerg

Unterwegs zu weiteren Attraktionen

Der Norden der Insel bietet sich herrlich an, um stundenlang an der frischen Luft zu spazieren und hinter jedem Hügel wieder einen neuen Ausblick zu entdecken. Weil es hier so schön ist, findet einmal jährlich ein ♥ Marathon auf Samsø statt. Trotz der Hügel wird er der gemütlichste Marathon Dänemarks genannt. Wer ein Herz für Pferde hat, kann beim ♥ Samsø Reitclub oder auf dem ♥ Nørreskifteg-aard einen Ausritt hoch zu Ross buchen. Auch während der ♥ Oldtimerrundfahrt in einem schmucken Chevrolet Six aus den 30er Jahren geht es gemächlich zu. Die Inselrunde mit dem rot-gelben Bus beginnt in Ballen und hält während der zweistündigen Fahrt an allen Attraktionen der Insel.

Familienurlaub

Oldtimer Inselrundfahrt

Die einsamen Straßen, die sanfte Natur und nicht zuletzt die tollen Radwege laden zu ♥ ausgedehnten Touren ein. Einen großen Fahrradverleih gibt es sowohl in Tranebjerg auf der Südinsel als auch in Mårup auf der Nordinsel. In der Touristeninformation bekommt man eine kostenlose Broschüre mit drei verschiedenen Fahrradrouten.

Wandern und Radfahren

Mit dem Rad erreicht man mühelos den Ort mit dem schönen Namen **Besser**. Beim Købmand ♥ Søster Sidevind sollte man eine Rast einlegen. Wohl dem, der einen Fahrradkorb dabei hat, denn der Købmandsgård serviert seine Speisen und Getränke in einem herrlichen Trödelladen mit Geschirr, Weihnachtsschmuck und anderem hübschen, bunten Schnickschnack. Im Sommer kann man auch im Garten sitzen, für Kinder sind einige Spielgeräte aufgebaut. Hinter dem Købmandsgård führt ein schmaler Pfad zu einem ♥ Aussichtstürmchen, baugleich mit dem Turm am Ballebjerg. Vor 100 Jahren stand hier eine Windmühle, die als Kulisse für einen Stummfilm abgebrannt wurde. Eine Fotoausstellung im Turm erzählt von diesem damals sehr spannenden Ereignis. Etwas außerhalb von Besser lädt die ♥ Downhill-Bahn ein, in großen Luftballons den Berg hinabzurollen.

Hyggeliges Café

Familienurlaub

Familienurlaub

Zwischen Nordby und Issehoved verbirgt ein Waldstück das ♥ Samsø Labyrinten, laut dem Guinnessbuch der Rekorde ist es der größte Irrgarten der Welt. Das Labyrinth von der Größe mehrerer Fußballfelder macht einen Waldspaziergang auch für kleine Wandermuffel zum Erlebnis. Einen großen Freizeitpark gibt es auf Samsø nicht, dafür aber einen abwechslungsreichen Spielpark auf einem alten Bauernhofgelände. Auf dem Areal des ♥ Feriecenters Samsø bei **Kolby Kås** kann man für ein wenig Eintritt im ehemaligen Silo baden, Mini- oder Fußballgolf spielen, auf den Klettergerüsten turnen oder die Hühner beobachten, die überall herumlaufen. Im Restaurant gibt es kleine Snacks und am Wochenende und abends in der Urlaubssaison leckere Buffets.

Familienurlaub

Angelrute nicht vergessen

Der ♥ Skatepark in Tranebjerg ist ganzjährig und kostenlos geöffnet, nur das Skateboard muss man selbst mitbringen. Auf dem Hügel Møllebakken bei Tranebjerg wartet ein toller ♥ Waldspielplatz auf kleine Besucher, die auf der sogenannten Tarzanbahn ihre Kletterfähigkeiten trainieren möchten. Bei ♥ Samsø Havkajak kann man Kajaktouren buchen oder ein eigenes Kajak mieten, um die Küste vom Meer aus zu bewundern. Wer am Meer nur mit einer Angel zur Ruhe kommt, findet auf Samsø eine Reihe ♥ guter Fischgründe. Unter Wasser gibt es sicher auch eine Menge zu

Naturerlebnisse

sehen, darum werden von der Naturschule ♥ Samsø Naturskole in Langør und am Hafen von Ballen ♥ Tauchkurse angeboten.

Mit dem kleinen Holzschiff ♥ M/S Tunø kann man im Sommer vom Mårup Havn Ausflüge auf die benachbarte Insel **Tunø** unternehmen oder die Seehundkolonie **Bosserne** besuchen.

Strick und Feinkost

Kuschelige Pullover für kalte Herbsttage, warme Hausschuhe oder Spezialitäten zum Naschen bekommt man im Dorf Permelille in der ♥ Samsø Gårdbutik, die auch ein Geschäft auf Ærø hat.

Gut zu wissen

Samsø scheint einer anderen Welt entsprungen zu sein, dennoch erreicht man die Insel von Deutschland aus ganz schnell. Von der Grenze sind es knappe zwei Stunden bis zum kleinen Hafen **Hou**, von wo die **Autofähre** nach Samsø ablegt. Sie verkehrt bis zu achtmal täglich und bringt die Passagiere in nur einer Stunde hinüber nach Sælvig. Besonders günstig ist die Überfahrt in der Nebensaison. Eine zweite Fährlinie führt vom **Kalundborg** in Westseeland nach Ballen.

SAMSØ

SAMSØ **TIPPS**

- Naturerlebnisse
- Wandern und Radfahren
- Familienurlaub
- Lokale Spezialitäten

QR-Code scannen und weiterstöbern! Den kompletten Artikel zum Ort mit Strandfotos, interessanten Ausflugszielen und vielen Ferienhäusern gibt es hier.

Lage

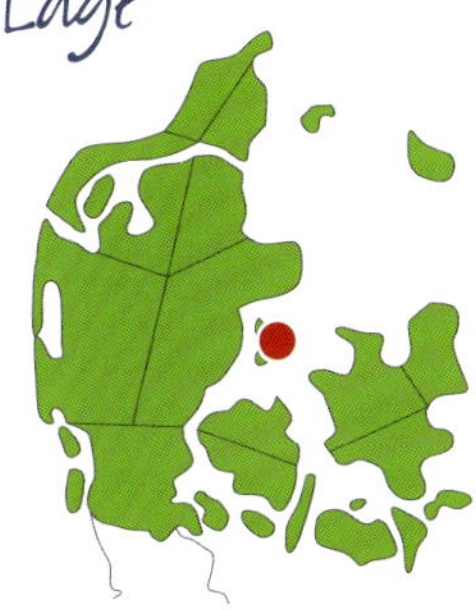

Læsø – Wellness für Körper und Geist

„Ja, das möchste: Eine Villa im Grünen mit großer Terrasse, vorn die Ostsee, hinten die Friedrichstraße; mit schöner Aussicht, ländlich-mondän, vom Badezimmer ist die Zugspitze zu sehn…“ Kurt Tucholsky war wohl nicht auf Læsø, als er sein Gedicht „Das Ideal“ geschrieben hat, denn diese Insel käme seinem Ideal sehr nahe.

„Eine große, gesunde Tablette ohne Nebenwirkungen“

Die nördlichste Insel Dänemarks ist eine Oase der Ruhe im Kattegat zwischen Dänemark und Schweden. Keine andere dänische Insel hat so viel Ruhe und erholsame Erlebnisse zu bieten wie Læsø. Die scheinbar endlose Weite zu Wasser und zu Land beruhigen den Geist, die gute Luft und das köstliche Essen machen

Wohlfühlurlaub

das ♥ Wohlfühlerlebnis komplett. Besonders für Paare, die sich etwas gönnen möchten, ist diese Insel die richtige Wahl. „Læsø ist wie eine große, gesunde Tablette mit sehr wenig Nebenwirkungen“, versichern die Insulaner, wenn sie ihr Fleckchen Dänemark beschreiben.

Bei der Wahl des Ferienhauses muss man sich entscheiden zwischen Dünenlage mit Meeresrauschen in **Vesterø** und **Østerby** oder zwitschernden Vögeln und dem Rauschen der Bäume in **Nordmarken** und **Byrum**. Wie wenig Zivilisationsgeräusche die ♥ Ruhe der Insel stören, merkt man erst richtig, wenn man wieder auf dem Festland ist. Und schon zählt man ungeduldig die Tage bis zur Rückkehr nach Læsø.

Himmlische Ruhe

25 Kilometer Sandstrand warten auf die Gäste

Die nördlichste Ostseeinsel Dänemarks liegt etwa 20 Kilometer vor der Küste im Meer und ist mit der ♥ Fähre ab Frederikshavn in knapp zwei Stunden zu erreichen. Die Insel eignet sich das ganze Jahr über zum Abschalten und Auftanken, wobei außerhalb der Sommersaison kaum Gastronomie geboten wird.

Læsø ist ein ♥ Naturparadies. Die versteckten Ferienhäuser von Nordmarken stehen in einem Waldgebiet mit viel Platz, in dem Kinder ungestört toben können. Einen ♥ Kinderfreundlichen Sandstrand hat die Küste bei Vesterø und in Østerby ist der lebhafte ♥ Jachthafen besonders einladend. Læsø hat einen umzäunten ♥ Hundewald und viele Ferienhäuser für Haustiere, in einige Naturgebiete darf man Hunde aber nicht mitnehmen, zum Beispiel auf die Salzwiesen von **Rønnerne**.

Familienurlaub

Die Insel ist nicht autofrei, jedoch sind Autofahrer eindeutig in der Minderheit im Straßenverkehr. Die ♥ schmalen Nebenstraßen gehören den Radlern und Wanderern. Parallel zur Hauptstraße verläuft ein zweispuriger Radweg. Es gibt keine Steigung zu überwinden, nur manchmal ein wenig Gegenwind.

Wandern und Radfahren

Rund um die Insel liegen herrliche Badestrände mit weichem Sand und klarem Wasser, einige Strände sogar fernab von Häusern und bebautem Gebiet – insgesamt sind überhaupt nur 5 % der Inselfläche bebaut. Die vorgelagerte Sandbank ♥ Stokken erreicht man nur zu Fuß durch einen flachen Kanal. Der Lohn für nasse Füße ist

Wassersport

Wellnessbad
Læsø Kur

ein unberührter Sandstrand auf fünf Kilometern Länge. Im Frühsommer ist der Süden von Stokken als ♥ Vogelschutzgebiet gesperrt, aber auch dann ist auf der langen Sandbank noch genug Platz für einsame Spaziergänge. ♥ Vesterø Strand, der bis nach Stokken reicht, ist mit seinem flachen Wasser perfekt für Familien mit kleinen Kindern. Ferienhäuser direkt am Meer gibt es nur wenige, hier muss man rechtzeitig buchen. Zum Schwimmen ist die Nordküste besser geeignet. Der ♥ Strand in Østerby erinnert fast an einen breiten Nordseestrand, gewürzt mit einer Prise Jachthafen. Ist die Ostsee zu kühl, lockt der glasklare ♥ Badesee im Wald bei Byrum – hier steht auch eine offene Schutzhütte für jedermann mit Grill, Feuerholz und Wasseranschluss. Warum nicht mal eine Nacht im Freien verbringen? Gerade für Kinder wäre es garantiert eine spannende Erfahrung!

Familienurlaub

Der beliebteste Strand an der Nordküste ist sicher ♥ Hvide Bakker, den man über den Himmerigvej erreicht. Mit dem Fahrrad sind es zwar von allen Ferienhausgebieten mindestens 15 - 20 Minuten dorthin, die herrlichen Radwege machen aber schon die Fahrt zum Vergnügen. Die Zufahrt ist auch für PKW erlaubt und man kann direkt am Strandzugang parken. Das Hinterland bietet den typischen Ausblick auf Læsø: Klitplantagen und weite, liebliche Heide.

Bester Strand

LÆSØ

Mein Tipp

Wer sich für einen Urlaub auf Læsø interessiert, sollte unbedingt die jährlich erscheinende Broschüre lesen, die man auf **visitlaeso.dk** herunterladen kann. Schön geschriebene Artikel zur Natur, zu den Insulanern und zur Geschichte der Insel laden ein, die Bewohner dieser Sandbank in der Ostsee kennenzulernen.

Aktiv im Wasser und an Land

Elf Kilometer Strand verbinden Vesterø mit Østerby. Man kann die Strecke direkt
Wandern und Radfahren ♥ auf dem Strand wandern, vorbei an den ♥ Wanderdünen in der Klitplantage, der Landspitze Horneks Odde, am Strand Hvide Bakker und zuletzt kommt man kurz vor Østerby direkt am Golfplatz vorbei. Verpflegung muss man sich mitnehmen, denn außer dem Restaurant am Golfplatz steht weit und breit kein
Naturerlebnisse Haus in der Nähe, nur an ♥ Horneks Odde harren zwei alte Krabbenfischerhütten aus. Sie zeugen vom spartanischen Leben der Insulaner vor 100 Jahren. Im
Familienurlaub ♥ Hornekshuset stehen Kescher bereit, mit denen man Krabben und andere Meeresbewohner aus der Ostsee fischen und beobachten darf, wenn man sie anschließend wieder frei lässt. Über mehrere Zufahrten ist der lange Strand auch mit dem Auto erreichbar, Toilettenhäuschen mit Trinkwasseranschluss stehen an allen Parkplätzen.

Hinter Østerby könnte man die Tour noch bis zum Strand **Danzigmand** an der Ostküste verlängern und über die Heidewiesen zurück nach Østerby laufen,
Angeln dieser Weg ist richtig einsam. ♥ Danzigmand ist ein beliebtes Angelrevier, es zieht sich bis zum östlichsten Punkt Bløden Hale. Der Name Danzigmand geht zurück auf ein Schiffsunglück im 18. Jahrhundert, als ein polnisches Schiff auf der Sandbank strandete und viele Männer aus Danzig ihr Leben ließen. An der Form von Danzigmand erkennt man, wie sich die Landschaft auf Læsø im Laufe der Jahrtausende stetig verändert: Der Wind von Nordosten weht den Sand im-
Naturerlebnisse mer weiter in Richtung Südinsel, die Landzunge ♥ Bløden Hale wandert pro Jahr ganze fünf Meter in Richtung Südwesten!

Durch die weitläufige Klitplantage, die fast den gesamten Nordwesten von Læsø bedeckt, führt ein gekenn-
Wandern und Radfahren zeichneter ♥ Joggingpfad, es gibt drei unterschiedlich lange, beschilderte Strecken. Am Startpunkt Storedalsvej liegen kleine Karten bereit, damit man sich nicht verläuft. Die Strecke wird übrigens auch für einen Triathlon angeboten – dem Klitplantage-Tri.

Auf Læsø gibt es vier Reiterhöfe, die geführte Wanderritte auf Islandpferden anbieten: den Rønnergården, den Krobækgård, das Færdrelandet und den

Jagtgården. Besonders die weitläufigen Strandwiesen im Naturschutzgebiet Rønnerne bieten sich für einen Reitausflug an.

Der ♥ Læsø Seaside Golfclub oberhalb der Steilküste bei Østerby begeistert die Golfer durch seine wunderschöne Lage – diese macht ihn aber auch zu einer echten Herausforderung, denn der Wind ist ein nicht zu unterschätzender Gegner. Die Aussicht und der ursprüngliche Charme der 18-Loch-Anlage, von denen 16 mit dem Wasser spielen, lassen sicher dennoch die inseltypische Entspannung aufkommen. Im Ferienhausgebiet Nordmarken wohnt man in nächster Nähe zum Golfplatz.

laesoe-golfklub.dk

Wassersport

Für ♥ Surfer ist Læsø vergleichbar mit der Isla de Coche in der Karibik, vielleicht nicht wegen der Temperaturen – obwohl Læsø mit die meisten Sonnenstunden in ganz Dänemark bietet – aber bestimmt wegen der guten Surfbedingungen. Alle Informationen zum Kiten und Surfen und auch Tipps zum Surfen lernen bekommt man beim ♥ Læsø Kite Club. Der Club veranstaltet alljährlich das ♥ Læsø KiteCamp Ende September. Kitesurfer treffen sich bei gutem Wind auch am Kanal vor Stokken.

laesoekite-klub.dk

Sportlich unterwegs

Wandern und Radfahren

In Vesterø steht allen Urlaubern ein Tennisplatz zur Verfügung, Bälle und Schläger bekommt man im Touristenbüro. Ende Juni findet der Lauf ♥ Læsø-Rundt statt. Start und Ziel ist beim Strandgaarden in Vesterø, auch Urlauber sind herzlich zum Mitlaufen eingeladen. Fahrräder vermieten ♥ Jarvis Cykler in Vesterø und der ♥ Marina Parken am Hafen von Østerby, wo man auch ♥ Elektroautos mieten kann.

Heidewiesen bei Østerby

Gastronomie vom Feinsten

Obwohl Læsø mit nur etwa 2.000 Einwohnern die am dünnsten besiedelte Gemeinde Dänemarks ist, beeindruckt das gastronomische und kulinarische Angebot durch Vielfalt und Qualität. Die Preise sind dabei für dänische Verhältnisse moderat.

Lokale Spezialitäten

Zu den absoluten Delikatessen zählt der ♥ Kaisergranat (Jomfruhummer), eine köstliche Krebsart, die sogar bis nach Italien exportiert wird. Die „Læsø Fiskeindustri" fängt und verarbeitet die leckeren Meeresfrüchte auf umweltfreundliche Art und ist der größte Arbeitgeber der Insel. Hummer nach Læsøer Art ist an jedem ersten Augustwochenende des Jahres in aller Munde, wenn in Østerby Havn das ♥ Kaisergranatfestival stattfindet. Fünf Köchinnen und Köche aus ganz Dänemark, einige von ihnen bereits mit Michelinsternen ausgezeichnet, wetteifern um die Trophäe der „Goldenen Kaisergranatschere". Die Besucher dürfen zuschauen und probieren.

Kochwettbewerb mit Jomfruhummer

Ein Koch des ♥ Badehotels Strandgaarden in Vesterø gehört immer zum Teilnehmerfeld des Wettbewerbs. Der Besuch im Strandgaarden ist für Feinschmecker ein Muss: Hier werden überwiegend lokale Spezialitäten verarbeitet und von den Köchen selbst am Tisch serviert und erklärt. Als kleiner Gruß des Hauses beginnt ein Abendmenü mit einer Art Brot aus Flechten und Kräutern, es folgt selbstgemachte Butter mit ♥ Læsø-Salz zu verschiedenen, hausgebackenen Broten und anschließend einer kleinen Leckerei, zum Beispiel aus dem Kaisergranat. Eine Vorschau auf das tägliche Abendmenü findet man auf der ♥ Homepage, wo man auch einen Tisch bestellen sollte.

hotel-strandgaarden.dk

Für eine Mahlzeit mit Aussicht auf fröhliches Hafentreiben oder einen Sonnenuntergang am Meer bieten sich noch andere Restaurants an, zum Beispiel ♥ Carlsens Hotel in Vesterø oder das ♥ Læsø Spisehus und die kleine Fischräucherei ♥ Røget Læsø Fjæsing in Østerby. Da die Urlaubssaison auf Læsø recht kurz ist, haben die meisten Lokale nur im Hochsommer geöffnet. Auch Hobbyköche werden auf Læsø ihre Freude haben. Drei Supermärkte, mehrere Fischgeschäfte und kleine Hofläden bieten eine reichhaltige Auswahl an regionalen Lebensmitteln und Delikatessen.

Lokale Spezialitäten

Eine süße Spezialität der Insel produziert die ♥ Braune Honigbiene. In Deutschland ist diese Art fast ausgestorben, auf Læsø sammeln sie fleißig und erlauben den Imkern, besten ♥ Honig zu schleudern. Das ♥ Læsø-Bier wird mit diesem Honig gebraut, stark, dunkel und ziemlich süß. Zu jedem Produkt gibt es irgendwo auf der Insel einen Hofladen, der sich über Besuch freut.

Lokale Spezialitäten

Ein schöner Rastplatz während einer Tour über die Insel ist ♥ Kong Knud's in Byrum. Hier wird das Læsø Bier gebraut, abends gibt es dazu viel Livemusik und gute Laune. Etwas außerhalb von Byrum liegt der ♥ Storhaven ein Hofladen mit einem Café und dem köstlichen ♥ Læsø Eis.

Wirtshaus mit Livemusik

Mein Tipp

Auf Læsø gibt es keinen Leuchtturm, deshalb beschloss der Schuhmacher Thorvald Hansen vor etwa 90 Jahren, in Byrum einen eigenen Turm zu bauen, den **Læsø Tårnet**. Jeden Ziegelstein hat er von Hand geformt! Für den Aufstieg bittet die kleine Geldkassette um ein paar Kronen. Schaut man von oben über die flache Landschaft der Insel, erkennt man sofort, warum Læsø ideal für Fahrradausflüge ist!

Die Læsø Salzsiederei

Lokale Spezialitäten

Bis über die Grenzen der Insel hinaus ist das Læsø-Salt berühmt, welches aus dem besonders salzhaltigen Grundwasser im Süden der Insel gewonnen wird. Im Mittelalter hatte fast jeder Haushalt auf der Insel seinen eigenen Salzbrunnen – es wurden Überreste von 1.700 Salzbrunnen entdeckt! Kein Wunder, dass die Salzproduktion auf Læsø deshalb als die erste Großindustrie im Norden bezeichnet wird. Im 12. - 16. Jahrhundert wurden pro Jahr an die 2.000 Tonnen Salz gesiedet. Die Insulaner durften ihre Steuern in Form von Salz an das Domkapitel in Viborg liefern, sie lebten während der Blütezeit der Salzproduktion in bescheidenem Wohlstand. Die guten Jahre fanden ein abruptes Ende, als sich durch Verschlechterung des Klimas im 17. Jahrhundert die Konzentration des Salzes im Grundwasser soweit reduzierte, dass die Förderung sich nicht mehr rentierte. Bis zu diesem Zeitpunkt waren auch schon große Teile der Insel völlig versandet, denn man hatte den Baumbestand fast vollständig vernichtet – er wurde als Feuerholz zum Salzsieden verbraucht.

Mittelalterliche Großindustrie

Heute wird wieder Salz nach mittelalterlichem Vorbild produziert. Vor fast 30 Jahren entwickelte sich aus einem Projekt mit arbeitslosen Jugendlichen die Werkstätte Saltsyderiet. Paul, der sich zwinkernd „Inselkönig" nennt, erweckte damals die alten Produktionstechniken zu neuem Leben und ist täglich mit blauer Latzhose, viel Witz und dänischer Gemütlichkeit bei der Arbeit. In den handgezimmerten Werkstätten darf man selber Salz nach altem Vorbild sieden und nebenbei den Mitarbeitern lauschen, die viele Geschichten über Salzgewinnung zu erzählen haben. Man kann auch einfach vom Turm die Aussicht über die Salzwiesen Rønneren genießen oder einen Beutel Salz im Hofladen kaufen. Die passenden Salzgefäße und auch die Beutel für das Salz werden alle auf der Insel gefertigt. Sie zeugen von der Vielfalt des Kunsthandwerks auf Læsø. Das Læsø Salz bekommt man mittlerweile auch in Deutschland, zum Beispiel im Dänemark Shop.

Salzgewinnung wie früher

dänemark.shop

Keramik und Glaskunst gibt es ebenfalls auf Læsø. Auffällig sind die vielen Wollgeschäfte. Wer nicht stricken möchte, bekommt auch fertige Pullover, Mützen oder Socken oder ein kuscheliges Schaffell für kalte Wintertage. Die meisten Boutiquen öffnen jedoch nur im Sommer.

Stricken und Stricken lassen

Salt og Tang

Der letzte Rest des hochkonzentrierten Salzwassers aus der Siederei eignet sich nicht mehr zum Verzehr, weil es irgendwann bitter wird. Um den wertvollen Rohstoff nicht verkommen zu lassen, bringt ein Traktor die Sole zum Wellnessbad Læsø Kur in Vesterø. Ein Bad in diesem Solewasser kommt dem Gefühl der Schwerelosigkeit nahe, doch auch das Gebäude ist ein himmlischer Ort: Der alte Kirchturm von Vesterø wurde zu einem kleinen, aber sehr feinen Solebad mit verschiedenen Saunen und wunderbaren Sonnenterrassen umgebaut. Kinder unter 15 Jahren dürfen nur am Familientag mit ins Bad. Handtücher und Bademäntel werden gestellt. Auch Getränke und frisches Obst sind im Eintritt enthalten, nur Badebekleidung muss man mitbringen. Wenn man nach dem Bad den Meerblick von der Lounge im Turm genießt, erscheint einem alles andere im Leben ebenfalls leicht und schwerelos zu sein! Das Bad steht nah am Fähranleger, daher lohnt sich der Besuch auch bei einem Tagesausflug auf die Insel.

saltkur.dk

Lieblingsplatz

Das Naturschutzgebiet Rønnerne, in dem die Salzbrunnen stehen, ist eines der schönsten und größten Feuchtgebiete Dänemarks. Heide, Moore und große Wasserflächen prägen die flache Landschaft zwischen Byrum und der Südspitze

Naturerlebnisse

von Læsø. Mit dem ♥ Rønnerbus, einem Traktor mit Sitzbänken auf dem Anhänger, kann man die Salzwiesen und seine Besonderheiten erkunden. Allerdings ist es eine mehrstündige und nicht sehr komfortable Fahrt. Für Familien ist da ein ♥ Ausflug mit der Pferdekutsche in das Gebiet gemütlicher. Hunde dürfen nicht mit nach Rønnerne.

Rønnerne ist nicht zu verwechseln mit Nordre Rønner, einer kleinen, unbewohnten Inselgruppe vor der Nordküste von Læsø. Bei klarer Sicht sieht man den Leuchtturm Rønner Fyr aus dem Wasser ragen. Mit dem ♥ Ausflugsdampfer Seadog werden Touren nach Nordre Rønner oder zu den benachbarten Seehundbänken angeboten.

seadog.dk

In der ♥ Læsø Klitplantage entlang der Nordwestküste kann man an den Parabeldünen sehen, wie der Wind die Landschaft prägt. Im weitläufigen Wald- und Moorgebiet trifft man auch auf Rehwild, Waldschnepfen, Kraniche und viele andere Tiere, die die Unberührtheit genießen.

Seegrashöfe

Wohl einzigartig auf der Welt sind die ♥ Tanggårde – putzig wirkende Häuser mit überdimensionalen Seegrasdächern, wie sie hauptsächlich im Osten der Insel stehen.

Bunte Blumenpracht auf dem Dach

Inselmuseum

Vor etwa 300 Jahren musste das wenige Stroh der verarmten Insel an die Tiere verfüttert werden, daher mussten die Dächer mit Seegras gedeckt werden. In meterdicken Schichten wurde das angeschwemmte Seegras auf die Dachlatten gebunden, dort liegt es bis heute und ist von einer bunten Schicht ♥ Moos und Wildblumen begrünt. In dem renovierten Hof ♥ På Lynget nahe Byrum ist das Læsø Museum untergebracht, hier sieht man das Dach und seine Konstruktion sehr gut von innen. Auch der Wolladen ♥ Læsø Uldstue oder die kleine Schafhütte in der Nähe der Salzsiederei sind seegrasgedeckt. Insgesamt haben noch etwa 10 % der ehemals etwa 200 Häuser ein so ungewöhnliches Dach. Die nötigen Reparaturen werden von einer eigens zu diesem Zweck gegründeten Firma erledigt. Inzwischen muss auch das Seegras aus Südengland oder von der Insel Møn importiert werden, durch eine Pilzkrankheit sind die Bestände auf Læsø nicht mehr geeignet. Seit

2014 werden alle Tanggårde in einem groß angelegten Projekt saniert, damit die einzigartige Dachbedeckung noch viele Jahre für die Nachwelt erhalten bleibt.

Mit dem Tang, der rund um Læsø im Meer wächst, lassen sich vielleicht keine Dächer mehr decken, aber er ist essbar! Rie, die Besitzerein von ♥ Læsø Tang erntet diesen Gesundbrunnen im Meer, trocknet ihn und zaubert daraus ♥ Chips und Pesto. Ihr Hofladen ist im Juli und August geöffnet.

laesoetang.dk

Lokale Spezialitäten

Hafenatmosphäre – auch für Landratten

Hat man Sehnsucht nach etwas anderem als Ruhe und Erholung, ist der ♥ Østerby Havn das richtige Ziel. Hier treffen sich bei strahlendem Sommerwetter nicht nur die Ferienhausurlauber, sondern auch Segler aus dem ganzen Kattegat, um ein paar gesellige Tage mit Open-Air-Grillen und gemütlichem Beisammensein zu verbringen.

Wassersport

Der Hafen von Østerby ist ein sehr beliebtes Ziel für Hobbykapitäne, was jeder versteht, der einmal dabei war. Die Skipper bringen ihre Picknickkörbe an Land, ♥ grillen an der Hafenmauer und genießen das Leben. Die sonnigen Abende beschließt der absolut spektakuläre Sonnenuntergang über der glitzernden Ostsee. Dann kehrt auch bald Ruhe ein, denn Segler müssen früh raus.

LÆSØ TIPPS

- Naturerlebnisse
- Wandern und Radfahren
- Familienurlaub
- Lokale Spezialitäten

QR-Code scannen und weiterstöbern! Den kompletten Artikel zum Ort mit Strandfotos, interessanten Ausflugszielen und vielen Ferienhäusern gibt es hier.

Bornholm – Sonneninsel in der Ostsee

Bornholm liegt zwischen Schweden und Polen in der Ostsee, weit entfernt vom Mutterland. Die Mischung aus dänischer Gemütlichkeit und skandinavischem Granit sichern der Insel eine begeisterte Fangemeinde. Traumhaft weiße Strände, imposante Felsküsten, der beste Räucherhering und unzählige Sonnenstunden sprechen für sich.

Die Königin aller dänischen Inseln

„Bornholm, ja, da wollte ich immer schon hin!“ So hört man es immer wieder, wenn die Rede von dieser schönen Insel ist. Bornholm hat aber auch viele Fans unter den Urlaubern, die mit dem Strand an der Westküste von Jütland nichts anfangen können, denn hier mitten in der Ostsee bietet Dänemark mehr als Sand und Wellen!

Die ♥ einzigartige Landschaft ballt sich auf einem rautenförmigen Eiland von nur 20 x 30 Kilometern Küstenlänge. Ein trainierter Radfahrer könnte die Insel an einem Tag umrunden, für den Küstenwanderweg ♥ Bornholm Rundt benötigt man zu Fuß etwa drei bis vier Tage.

Naturerlebnisse

bornholmrundt.dk

Die Urlaubssaison beginnt Anfang Mai, wenn die ersten Lokale öffnen, die Marktstände aufgebaut werden und die Natur zu neuem Leben erwacht. Die beste Zeit, um die Insel kennenzulernen, ist der Frühsommer. Alles grünt und blüht und ein Ferienhaus bekommt man zum günstigen Nebensaisonpreis.

Für einen Familienurlaub am Strand mit weißem, puderzuckerfeinem Sand ist die ♥ Südküste berühmt. Von **Balka** an der Ostküste bis zum Flugplatz in **Arnager** kurz vor **Rønne** kann man etwa 25 Kilometer fast durchgängig am Strand entlang laufen. Im Süden ist es sandig, im Norden ist es felsig. So knapp könnte man die Landschaft zusammenfassen. Die Grenze zwischen Nord und Süd verläuft etwa von der Inselhauptstadt **Rønne** bis zum Kunsthandwerkerstädtchen **Svaneke**. Ganz zuverlässig ist das nicht, auch nördlich von Rønne gibt es noch Sandstrände und südlich von Svaneke glitzert die klare Ostsee zwischen Granitfelsen hervor. Ganz sicher aber ist ♥ Nord-Bornholm der einzige Flecken in Dänemark, der nicht nur aus Sand besteht. Granitfelsen, Steilklippen, Wasserfälle und verwunschene Flusstäler konkurrieren mit bunten Dörfern und üppig grünen Wäldern. Malerische Felsformationen umrahmen die wenigen Sandstrände im Norden.

Familienurlaub am Sandstrand

Einzige Felslandschaft in Dänemark

In der Mitte der Insel liegt der Wald **Almindingen**. Er wurde vor 200 Jahren von Hand gepflanzt und zählt heute zu den ♥ größten Wäldern in Dänemark. Nach Osten hin schließen ein Naturreservat und die grünen Hügel **Paradisbakkerne** an. Hier kann man stundenlang wandern, radfahren und die friedliche Natur genießen.

Wandern und Radfahren

Die meisten Sonnenstunden in ganz Dänemark, jede Menge ♥ Fischräuchereien, sehr gute Strandbars, Restaurants mit Meerblick und die vielen Märkte, Konzerte und Sportveranstaltungen ziehen Urlauber an, die sonst vielleicht lieber in den Süden fahren. Wer die teure Überfahrt mit dem Auto scheut, kommt mit dem Fahrrad nach Bornholm! Auf 350 Kilometern sehr gut ♥ ausgeschilderten Rad-

Lokale Spezialitäten

Wandern und Radfahren

wegen kreuz und quer lässt sich die Landschaft vielleicht am besten erforschen. Wer im August hier Urlaub macht, kann beim ♥ Cykel Bornholm seinem Rennrad die schöne Inselrunde zeigen.

cykelbornholm-rundt.dk

bornholm.info

Die offizielle Touristeninformation ist das ♥ Bornholms Velkomstcenter in **Rønne**, gleich hinter den Fähranlegern. Im Ort findet man auch die Servicebüros der Ferienhausagenturen, viele verschiedene Geschäfte, mehrere Banken und einige Tankstellen.

Ferienhäuser, Traumstrände und bunte Dörfer

Mediterrane Atmosphäre

Strandurlaub mit der Familie

Familienurlaub

Die größte Auswahl an Ferienhäusern bietet die Region rund um **Dueodde**. Schattenspendende Nadelbäume und weißer Sand bilden hier eine fast südländische Atmosphäre, auch der harzige Duft erinnert an ♥ Mittelmeerküsten im Sommer. Durch den naturgeschützten Dünengürtel führen zwei befestigte Holzstege auf den Strand, man darf aber auch über die Dünen laufen. Zwischen den Ferienhäusern leben Fasane, Hasen und Kaninchen, selbst ein Reh schaut mal vorbei. Dueodde ist der ♥ ideale Urlaubsort, wenn man seine Tage am Strand verbringen möchte und für größere Einkäufe und Ausflüge das Fahrrad oder Auto benutzen mag. Brötchen bekommt man im Dueodde Feriecenter oder am Campingplatz, zu dem auch ein kleines ♥ Hallenbad gehört. Im Sommer öffnen einige Läden und Bistros am ♥ Dueodde Fyr, dem Leuchtturm an der südöstlichen Spitze der Insel. Mit 48 Metern ist er der höchste Leuchtturm Dänemarks. Gebaut wurde er in den 60er Jahren und ist daher kein Schmuckstück, aber von der Aussichtsplattform überblickt man die gesamte Küste. Der Aufstieg kostet Eintritt und ist von 11 - 14 Uhr an drei Tagen pro Woche möglich. Zwischen dem Leuchtturm und dem Meer liegt der breiteste Dünengürtel von Bornholm.

Familienfreundliche, barrierefreie Strandzugänge und eine vielseitige Auswahl an Gastronomie und Geschäften bieten die Ferienhäuser in **Balka** und im benachbarten **Snogebæk**. Wer ein bisschen Trubel und ♥ abendliche Unterhaltung sucht, ist hier gut beraten. Die Ferienhäuser stehen so weit ab von den Lokalen, dass man trotzdem erholsam schläft. Die runde Sandbucht von Balka liegt zwischen beiden Orten. Südlich von Snogebæk gibt es einen weiteren, schmalen Sandstrand.

Snogebæk
Sørens
Værtshus
TOILET

sørensværtshus-bornholm.dk

Besonders beliebt sind die Lokale am kleinen Fischerhafen von Snogebæk. Das urige ♥ Sørens Værtshus könnte man sogar als Erlebnisgastronomie bezeichnen. Köstliche Pizzen, Livemusik oder das Ruderboot über der Theke, in das man sein Bier mit dem Tragekorb hinaufgeliefert bekommt, machen die Bar von Mai bis Oktober zu einem Publikumsmagneten.

Sømarken, **Sommerodde** und **Strandmarken** sind reine Ferienhausgebiete an der Südküste. Hier herrscht längst nicht so viel Betrieb wie rund um Dueodde. Kieferduft und weißen Strand findet man hier ebenfalls, der Strand ist jedoch ein wenig schmaler als vor Dueodde. Besonders schön und abgelegen ist **Vester Sømarken**. Wer golfen möchte, kann das in Øster Sømarken beim ♥ Nexø Golfclub tun. Die Ferienhäuser von **Boderne** stehen rund um einen kleinen Fischerhafen mit malerischen, roten Fischerhütten und feinem Sandstrand. Den eigentlichen Ort Boderne prägt eine Reihe rot-blauer Fachwerkhäuser mit dem Stammhaus der ♥ Modefirma Pia Stærmose. Drei verschiedene Boutiquen und ein Café locken zum „schöner Einkaufen“ in diesem Ort. Nur Lebensmittel bekommt man hier nicht.

Das Urlaubszentrum im Nordwesten liegt bei **Allinge**, **Sandkås** und **Sandvig**, wo die pittoreske Felsküste von mehreren ♥ weißen Sandbuchten unterbrochen ist. Die Ferienhäuser sind klein und beschaulich. Liebevoll restaurierte Fischerkaten oder klassische Holzferienhäuser mit üppigen Gärten machen Lust auf Urlaub an der steinigen Nordküste. Die meisten Unterkünfte hier sind aber kleine Ferienwohnungen oder Appartements. Die schöne Aussicht und die Nähe zu den hübschen Häfen trösten darüber hinweg, dass man etwas beengt wohnt, denn für große Grundstücke ist kein Platz zwischen den Felsen. In einigen Appartementanlagen stehen den Gästen im Sommer ein Pool, Spielgeräte und ein Kiosk zur Verfügung. So richtig schöne Gebäude sind es in der Regel nicht, auch wenn sie gut verborgen im Grünen stehen. Wenn man bedenkt, wie liebevoll die alten Häuser gepflegt werden und wie viele bekannte Architekten

Dänemark hervorgebracht hat, fragt man sich, warum einige dieser Ferienanlagen und Hotels an Plattenbauten erinnern müssen. Doch wenn man aus dem Fenster schaut, sieht man das ja nicht, sondern hat die großartige Natur vor Augen. Das bezaubernde Fischerdorf **Gudhjem** ist von Bausünden verschont geblieben. Im Sommer stehen die Besucher Schlange, um die schmalen Gassen zum Hafen hinabzusteigen, ein ♥ Smørrebrød „Sol over Gudhjem" auf der tollen Terrasse der ♥ Gudhjem Røgeri zu essen, Bonbons von der ♥ Karamel Kompagniet zu lutschen oder das größte Eis Bornholms in der sehr rosaroten ♥ Eisdiele Gudhjem Special zu schlecken. Gudhjem muss man besuchen, daran führt kein Weg vorbei! Wer eine Ferienwohnung in Gudhjem bucht, hat den Ort nur in den frühen Morgenstunden für sich allein. Dann genießt man den Sonnenaufgang am Meer, das Schnattern der Wasservögel und den traumhaften Blick zur kleinen Inselgruppe **Christiansø**, die am Horizont verschwimmt.

Lokale Spezialitäten

Einen schönen Badestrand findet man im Nachbarort **Melsted**, nur etwa 10 Minuten Fußweg vom Hafen Gudhjem entfernt. In Melsted wohnt man ganzjährig etwas ruhiger und kann sich an den vielen, hübschen Häuschen mit ihren bunten Gärten erfreuen.

Hasle an der Westküste hatte einst einen aktiven Fischereihafen, der teilweise zu einem Freizeithafen umgebaut wurde. Eine Reihe moderner Ferienhäuser direkt an der Hafenmauer brachte neues Leben in den Ort. Im Hafenbecken schwimmt ein ♥ Badesteg mit vielen Sonnenplätzen. Hasle selbst ist eher unscheinbar, doch die ♥ Hasle Røgeri mit einem kleinen Räuchereimuseum lockt viele Gäste an. Großzügige Ferienhäuser stehen südlich von Hasle in dem langgezogenen Waldgebiet **Blykobbe Plantage**, das bis nach Rønne reicht. Kurz vor Hasle, nahe dem **Rubinsee,** versteckt sich ein schöner Sandstrand im Wald. Auch im Hochsommer findet man hier immer ein freies Plätzchen. An diesem Strand führt ein ♥ Rundwanderweg „Rundt om Kultippen" entlang, der an Bornholms Wirtschaft der vergangenen Jahre mit Glas-, Klinker- und Tonproduktion erinnert.

Lokale Spezialitäten

Sollte der Hasle Strand doch zu voll werden, bietet sich ♥ Antoinette Strand südlich von **Rønne** an, der ebenfalls zur Blykobbe Plantage gehört. Der südliche

↗ hundeskovene.dk

Teil der Plantage ist ein ♥ Hundewald, wo Spaziergänge mit Hunden ohne Leine erlaubt sind. In Rønne selbst kann man auch einige Ferienunterkünfte mieten. Allerdings bietet die Inselhauptstadt mit ihren etwa 14.000 Einwohnern wenig Urlaubsflair im Vergleich zu den anderen Orten der Insel. Hinter der Kirche ♥ Sankt Nicolai findet man aber besonders hübsche Kopfsteinpflastergassen mit dem kleinsten Haus von Bornholm. Das rote Eckhaus wirkt wie ein Lückenfüller, ist aber nach wie vor bewohnt. Eine weiteres, kleines Ferienhausgebiet liegt zwischen Rønne und dem Flughafen in der Rønne Plantage. Da hier die Steilküste beginnt, muss man zum Strand ein paar Meter den Hang hinab gehen.

Lokale Spezialitäten

Svaneke, das schmucke Städtchen an der Nordostspitze, ist einer der schönsten Orte der Insel. In den malerischen gelben und roten Fachwerkhäusern versammeln sich die meisten ♥ Kunsthandwerker- und Feinkostgeschäfte auf Bornholm. Eine abwechslungsreiche Auswahl an Lokalen, der schöne Hafen und ein gemütlicher Marktplatz machen Svaneke zu einem beliebten Flecken. Im Sommer öffnet eine Strandbar am versteckten Sandstrand **Hullehavn** hinter dem alten Leuchtturm Gamle Fyr. Ein Badesteg und ein bisschen Sand zum Buddeln macht den Hullehavn Strand zu einem beliebten Ausflugsziel der Bornholmer. Rund um Svaneke ist die steinige Küste wild-romantisch, im Hinterland überziehen Felder und Wiesen die sanft hügelige Landschaft.

Vom Granitbuckel zum Naturparadies

Die Insel Bornholm gehört seit dem 17. Jahrhundert zu Dänemark, geologisch betrachtet ist sie aber ein Teil der südschwedischen Landmasse. In beiden Regionen erzählt man sich eine ähnliche Geschichte zur Entstehung: Als Gott die Welt geschaffen hatte, waren noch ein bisschen Erde, etwas Wasser, viele Steine und eine Fuhre Sand übrig. Gott warf eine Handvoll in die Ostsee, so entstand Bornholm. Für Blekinge in Südschweden kommt in der Geschichte weniger Sand vor, da hat Bornholm eindeutig mehr abbekommen!

Die Granitfelsen und Gneise (durch Druck verformtes Granitgestein), die den Norden der Insel und den Süden von Schweden prägen, gehören zum ♥ Baltischen Schild, dem ältesten Festlandsockel Europas. Der sandige Süden der Insel ist wesentlich jünger, er besteht aus feingeschliffenem Sedimentgestein. Vereinfacht ausgedrückt ist die Europäische Platte an Bornholms Süden abgebrochen und nach und nach mit Sand wieder aufgefüllt worden. Die Bruchkante der Kontinentalplatten verläuft von Polen durch die Ostsee bis nach Thy auf Jütland. Zufällig liegt Bornholm nicht nur genau in dieser sogenannten Tornquistzone, in der Nähe der Stadt Åkirkeby liegen die Spuren des Abbruchs sogar offen an der Erdoberfläche. Den parallel verlaufenden Brüchen in der Erdkruste verdankt Bornholm seine ungewöhnliche, fast grafisch präzise Form.

Geologisches Urgestein

Sehr detailliert und spannend ist diese Urgeschichte im Erlebniscenter ♥ NaturBornholm erklärt. Die Naturerlebnisse, die das urzeitliche Grummeln und Krachen der Insel geschenkt haben, findet man vor allem an der Nordostküste. Im Laufe der Jahrtausende veränderte sich die Landschaft durch Erosion noch weiter. Zerklüftete Granitfelsen und schmale Schluchten sind typisch für Nordbornholm.

naturbornholm.dk

Hoch hinauf ragen die **Helligdomsklipperne**, die vor ♥ Bornholms Kunstmuseum senkrecht aus dem Meer schauen. Dazwischen hat das Meer schmale Schluchten gespült. Vom Pfad oberhalb der Klippen geht es steil bergab, Kinder und auch Hunde sollten hier nicht allein laufen dürfen!

bornholms-kunstmuseum.dk

In der Nähe von **Vang** an der Westküste ragt die Felsformation **Jons Kapel** ebenfalls senkrecht aus dem Meer auf. In der 40 Meter hohen Felswand soll einst ein

Kiosk vor Jons Kapel

Eremit namens Jon gewohnt haben, der die Bornholmer missionieren wollte. Die Erosion hat den Granit im Laufe der Jahrhunderte überaus kunstvoll bearbeitet. Oben führt ein ♥ lauschiger Weg zu einer steilen Treppe, die für Besucher an den Fels gebaut wurde. Die Felswand bietet auch für Felskletterer vier verschiedene Abschnitte. Nahe der Klippen lädt ein ♥ Kiosk mit gemütlichem Kaffeegarten ein, die Beinmuskulatur bei einem Getränk zu erholen.

Wandern und Radfahren

Für Sportler und Steinliebhaber ist auch der Steinbruch von Vang interessant, denn das Gebiet wurde zu einer Berg- und Talbahn für Mountainbiker umgebaut. Der Steinbruch liegt im Naturschutzgebiet **Ringebakkerne**. Nördlich von Vang plätschert einer der ♥ Bornholmer Wasserfälle aus einer Felswand direkt am Meer. Der Name „Pissebækken“ beschreibt eher seine Form, das Wasser ist absolut sauber und hat Trinkwasserqualität.

Wackelsteine

♥ Rokkesten sind riesige Findlinge, die die Eiszeit so geschickt liegen ließ, dass man sie mit wenig Kraftaufwand zum Wippen bringen könnte. Auf Bornholm sind zwei dieser Steine in den Wäldern ausgeschildert. Ablagerungen und Manipulationen führten dazu, dass die Felsen sich nicht mehr bewegten, auch wenn man immer wieder versucht, die Steine zu renaturieren. Die ♥ Wandertour zu den Rokkestenen lohnt sich trotzdem. Der kleinere Fels liegt in der Heidelandschaft

Wandern und Radfahren

Rutsker Højlyng zwischen den Orten **Klemensker** und **Rø**, umgeben von glattgeschliffenen Granitbuckeln, die die Eiszeit gepresst und geglättet hat. Ähnlich sieht es am **Hammerknuden** und rund um die Burgruine ♥ Hammershus aus, wo der Granit ebenfalls sehr dicht unter der Oberfläche oder gar ganz offen liegt. Mehr über die verschiedenen Eigenschaften des Bornholmer Granits erfährt man im Steinbruchmuseum ♥ Moseløkken bei Allinge.

moseloekken.dk

Der große, denkmalgeschützte Rokkesten liegt in den **Paradisbakkerne** im Osten der Insel, kurz vor der Hafenstadt **Nexø**. Die Paradisbakkerne mit mehreren Seen, steil abfallenden Felswänden und einer vielfältigen Tier- und Pflanzenwelt gehören zu den ♥ schönsten Wandergebieten auf Bornholm. Der dicke Stein liegt so idyllisch unter mächtigen Buchen an einem kleinen Teich, dass Bänke zum Verweilen einladen. Vom Parkplatz Klintegård führt ein barrierefreier Weg zum Wackelstein. Ein schmaler ♥ Pfad führt weiter zum grünen Tal **Majdal** und zum Waldsee **Grydesø**. Für diese Strecke muss man trittfest sein, denn es geht, wie so oft auf Bornholms Wanderwegen, über Stock und Stein.

Schönster Wanderweg

Die Paradisbakkerne gehen nahtlos über in das Vogelschutzgebiet ♥ Ølene und ins **Almindingen**. Der weitläufige Wald Almindingen wurde vor etwa 200 Jahren angepflanzt. Sein Name erinnert daran, dass auf den Wiesen in der Inselmitte die Bauern von Bornholm ihr Vieh weiden ließen. Zu Beginn des 19. Jahrhunderts wurde das Areal eingezäunt und privat aufgeforstet. Heute birgt es eine Fülle von ♥ Sehenswürdigkeiten und Ausflugszielen, leider sind die Info-Tafeln zur Natur meist nur auf Dänisch beschriftet, zum Beispiel vom dänischen Vogelschutzbund DOF. Der höchste Berg ist etwa 160 Meter hoch und heißt **Rytterknægten**. Auf seiner Kuppe stehen ein Aussichtsturm und ein kleiner Kiosk, die Aussicht ist allerdings sehr eingeschränkt durch die militärischen Anlagen in nächster Nähe. Romantischer sind die beiden ♥ Burgruinen Gamleborg und Lilleborg oder die kleinste Trabrennbahn in Dänemark, auf der im Sommer regelmäßig Rennen stattfinden.

Naturerlebnisse

Wandern und Radfahren

Die ♥ Fahrradroute 22 führt von den Paradisbakkerne quer durch Ølene und Almindingen, sie passiert alle Sehenswürdigkeiten. Man sollte einen ganzen Tag Zeit für eine Radtour haben, denn mit einigen Schlenkern kommt man auch am **Ekkodalen**, am ♥ Bisonwald und an Seen wie dem Naturparadies **Svinemose** vorbei. Ein Mittagessen servieren das gehobene Restaurant ♥ Christianshøjkroen oder das Gasthaus ♥ Ekkodalshuset. Oder man füllt in Åkirkeby seinen Picknickkorb beim Slagter Jørgensen und dem Bäcker Johannes Dam og Søn, der die berühmten Roggenkekse backt, und radelt weiter zur nächsten Picknickwiese im herrlichen Almindingen. Das Ekkodalen ist eines der sogenannten tektonischen Täler auf Bornholm. Die Naturgewalten haben im Laufe der Jahrmillionen tiefe Furchen in das Granitgestein gespült. Stabile Felsen blieben stehen, dazwischen plätschern heute kleine Bäche. Im Ekkodal wirft die steile Felswand heute noch an den unbewachsenen Stellen ♥ ein Echo (Ekko) zurück. Oben über der Felswand führt ein ♥ Wanderweg durch die knorrige Eichen und über dicke Steine in den Wald hinein.

Speisen im Wald

Das Tal der **Kobbe Å** östlich von Gudhjem ist wunderschön bewachsen, es endet am Wasserfall ♥ Stavehøl. Das berühmteste tektonische Tal ist das **Døndalen** nahe den Helligdomsklipperne. Es ist besonders breit und es gibt einen befestigten, barrierefreien Weg unter Bäumen. Wer gut zu Fuß ist, sollte unbedingt direkt am Bach laufen – der Weg führt am längsten Wasserfall Bornholms vorbei, dessen Form an tropische Regenwälder erinnert.

Leuchtturm Duo

Der riesige Granithuckel **Hammerknuden** mit den beiden Leuchttürmen ♥ Hammer Fyr und ♥ Hammer Odde Fyr ragt im Nordwesten Bornholms aus dem Meer. Vom Hammer Fyr hat man aus 90 Metern Höhe einen herrlichen Blick über die Insel. Der Turm ist nur 21 Meter hoch, die fehlenden Meter liefert der Granitfelsen, der 70 Meter aus dem Meer herausragt. Die ♥ Burgruine Hammershus steht auf gleicher Höhe auf einer Klippe südlich vom Hammerknuden. Dazwischen glitzern zwei Seen in der Sonne, der große **Hammersø** und der kleinere **Opalsøen**.

Geschichtsträchtiger Ort

Die mächtigen Reste der Burg zeugen noch heute von der stabilen Bauweise, mit der die Festung den zahlreichen Angriffen trotzte. Die alten Mauern sind frei zugänglich und werden laufend renoviert. Das neue Burgmuseum heißt ♥ Bornholms Middelaltercenter, es wurde so geschickt in einer Schlucht neben der Festung platziert, dass der Blick auf die Burg unversperrt blieb.

Neues Burgmuseum

Hammershus ist umgeben von einem vielseitigen Wandergebiet mit Heideflächen, Bachläufen und dichtem Laubwald. Um Hammersknude führt ein Abschnitt des ♥ Küstenwanderwegs, auf dem man oft einem kräftigen Lüftchen von der See ausgesetzt ist.

Wandern und Radfahren

Kunstvolles und Feinkost – alles handgefertigt

Die Herstellung von ♥ Keramik hat auf Bornholm eine lange Tradition, denn hier gibt es eine besondere Lehmerde, die sich gut verarbeiten lässt. Auf Flohmärkten entdeckt man noch heute die typische, braungemusterte Hjorths Keramik, die seit 1895 in Rønne produziert wurde. Die alte ♥ Hjorths Fabrik beheimatet heute ein Keramikmuseum. Kleine Keramikwerkstätten gibt es immer noch auf Bornholm, ebenso wie Glasbläser, Schmuckdesigner, Textilkünstler und Maler. Das Design und die Vielfalt der Handwerkslandschaft hat sich in den letzten Jahren radikal gewandelt. Braune Teekannen werden nicht mehr getöpfert, sondern farbiges Geschirr, filigrane Gläser und atemberaubend schöne Einzelstücke, die von der Natur inspiriert sind und ihren stolzen Preis auf jeden Fall wert sind.

Typisch Bornholm

Die besten Kunsthandwerker gehören der ♥ Arts- and Craft Association Bornholm ACAB an, die Mitgliedschaft in der ACAB kommt einem Qualitätssiegel gleich. Begeisterung für die verschiedenen Künstler will der ♥ Grønbechs Gård

groenbechsgaard.dk

in Hasle wecken. Es ist das Ausstellungsgebäude der Vereinigung. Auf drei Etagen werden abwechselnd verschiedene Künstler vorgestellt. Die Kataloge vergangener Ausstellungen und der kleine Shop machen Lust auf Kunsthandwerk, versprochen! Das zweite Zentrum des Kunsthandwerks ist das Städtchen Svaneke mit seinen Galerien und Werkstätten, in denen man den Künstlern bei der Arbeit zuschauen oder schöne Stücke kaufen kann. Nicht nur Glasdesign gibt es bei ♥ Pernille Bülow. In ihrer Werkstatt wurden die ersten Lakritzkreationen ihres Sohnes Johan gerührt. ♥ Lakrids by Johan Bülow ist innerhalb kürzester Zeit eine international bekannte Marke geworden.

dänemark.shop

balticseaglass.com

Eine Offenbarung sind die Kunstwerke der Glasbläser von ♥ Baltic Sea Glass zwischen Svaneke und Gudhjem. Einige der Glasobjekte sind filigrane Gebrauchsgläser wie die Windlichter mit dem Fischgrätenmuster Sildeben. Berauschend schön, aber auch fast unbezahlbar sind die großen Glasvasen und -schalen in einer Farbenvielfalt, die an bunte Vögel und Pflanzen erinnert. Die Textilkünstlerin ♥ Bente Hammer, die feinste Seide selbst bedruckt und zu eleganter Mode verarbeitet, orientiert sich bei ihren edlen Kleidungsstücken ebenfalls an Motiven aus der Natur. Die Liste könnte man unendlich fortsetzen. Die Auswahl an Künstlern ist so vielseitig wie die Insel selbst.

Nahe den Helligdomsklippen steht ♥ Bornholms Kunstmuseum. Das lichtdurchflutete Bauwerk mit toller Aussicht auf die umliegende Landschaft wurde 1993 erbaut. Skulpturen und Malerei aus und über Bornholm, präsentiert auf drei Etagen, prägen die Sammlung. Das Museum ist ganzjährig zumindest am Wochenende geöffnet.

bornholms-kunstmuseum.dk

Eine wahre Kunst ist es auch, so köstliches Eis und aromatisches Weingummi zu produzieren wie die ♥ Bornholm Ismejeri in Svaneke. Der Blauschimmel-Käse der Molkerei ♥ St. Clemens in Klemensker wurde sogar prämiert und die köstlichen Pesto-Sorten für die Nudeln aus der ♥ Pastariget in Svaneke definieren das Wort Pesto einmal ganz neu. Der ♥ Svaneke Købmandshandel hat fast alles, was an Köstlichkeiten auf Bornholm produziert wird. Vieles bekommt man auch in den Supermärkten, aber das Einkaufserlebnis in dem historischen, kleinen Laden am Marktplatz von Svaneke ist viel schöner.

Lokale Spezialitäten

Købmand mit allen Delikatessen

Samstags findet von Mai bis Oktober auf dem Marktplatz von Svaneke ein ♥ Kunsthandwerkermarkt statt. Allerlei Handarbeiten, viel Textil und Strick, Schmuck oder die lustigen Bürsten der ♥ Nisse og Trolde Kompagniet, mit denen das Spülen zum Vergnügen wird, bekommt man hier, ebenso wie die lustigen, kleinen Wichtel, die in Dänemark Nisse heißen. Am Käsewagen gibt es den leckeren Käse von St. Clemens. Einen Besuch wert ist auch das ♥ Antiquitätengeschäft von Hanne Møller in der Nansensgade. Fast jedes alte, dänische Geschirr findet man hier zu wirklich günstigen Preisen.

Markttag in Svaneke

Altes Porzellan zum Schnäppchenpreis

Als eine ♥ Heringsschwemme vor den Küsten Bornholms dazu führte, dass alle Fischer einen eigenen Räucherofen bauten, wurde der Räucherhering zu einer Art Massenprodukt. Heute stehen zwar noch viele der markanten Schornsteine, aber ♥ Bornholmer, wie die im Rauch gold gegarten Bücklinge heißen, produzieren nur noch zehn Lokale. Einige haben von April bis Dezember geöffnet und bieten ein ♥ günstiges Fischbuffet an, hübsch angerichtet in einem alten Ruderboot. So kann man alle Heringsspezialitäten der Insel probieren und mit passenden Getränken hinunterspülen.

Räucheröfen an jeder Fischerhütte

Lokale Spezialitäten

Ein bekanntes Heringsgericht heißt ♥ „Sol over Gudhjem“, Sonne über Gudhjem. Auf Schwarzbrot wird ein rohes Eigelb mit einigen Radieschen und

Lokale Spezialitäten

Schnittlauch zum Bornholmer serviert. Den Namen hat ein Kochwettbewerb der Meisterköche übernommen, der jedes Jahr Ende Juni in Gudhjem stattfindet.

Lieblingsplätze und sonstige Sehenswürdigkeiten

Leckeren Fisch und dazu eine besonders schöne Terrasse bieten die ♥ Räuchereien Gudhjem und Allinge, viel Platz zum Toben für Kinder ist rund um die etwas rustikalere ♥ Räucherei Svaneke und ♥ Hasles Räucherei. Die kleine ♥ Bakkarøgeriet in Østre Sømarken hat vor allem in der Hochsaison geöffnet, hinter dem Haus sitzt man direkt über dem Wasser. In Svaneke und in Gudhjem findet man viele andere Restaurants in allen Preisklassen, auch Snogebæk hat eine gute Auswahl an Lokalen für die ganze Saison. Spitzenküche mit lokalen Zutaten servieren das ♥ Restaurant Kadeau in Vester Sømarken und das ♥ Le Port in Vang, wo man dazu den besten Sonnenuntergang der Insel erlebt.

↗ bakkaroegeriet.dk

Michelin-gekrönt

Nichts außer Sand, Meer und Bäume findet man am **Råghammer Strand**, der zu den schönsten Küstenabschnitten im Süden zählt. Seine Lage hinter einem militärischen Sperrgebiet kennen nur wenige Besucher, obwohl er frei zugänglich ist. Bei Manövern können die Wege gesperrt sein.

Åkirkeby, die Stadt in der Mitte der Insel, hat einen gemütlichen Marktplatz, auf dem einmal wöchentlich ein bunter Markt stattfindet. Täglich kann man hier das Angebot des ♥ Bornholmer Teehandels probieren. Viele der Teesorten bekommt man auch im ♥ Café Slusegaard in Sømarken, neben der alten Wassermühle an Øle Å. Anja, die Wirtin, serviert dazu selbstgebackenen Kuchen und kleine Mittagsgerichte, im Winter verkauft sie allerlei dekorativen Schnickschnack in ihrer ♥ Julelade. Der Slusegaard steht an einer geographisch interessanten Stelle: Die Schafe grasen auf dem Schnittpunkt von 55. Breitengrad und 15. Längengrad. Der 15. Längengrad bestimmt die ♥ Mitteleuropäische Zeit und genau an dieser Kreuzung steht die Sonne mittags um 12 am höchsten und genau im Süden.

↗ cafe-slusegaard.dk

High noon auf Bornholm

Sollte mal ein Heimatfilm über das Leben der Heringsfischer im letzten Jahrhundert gedreht werden, bieten sich **Teglkås** und **Helligpeder** an der Ostküste geradezu an. Hier ist die Zeit stehengeblieben. Die kleinen Fischerkaten stehen fast unverändert an der Straße und schauen auf die steinige Küste, einige kleine Boote werden immer noch zum Fischfang genutzt. Ebenfalls ein romantisches

und verstecktes Kleinod ist der **Svenske Havn** zwischen **Nexø** und **Årsdale**. Hier gibt es nichts außer einer kleinen Bucht mit Picknickplatz, ein herrliches Plätzchen mit Meerblick! Etwas südlich davon liegt der Angelteich ♥ Ædelfisken.

Put & Take

Im Vingården ♥ Lille Gadegård in der Nähe von **Vester Sømarken** wird nicht nur Wein angebaut und gekeltert. Der Hof bietet mittags ein deftiges Buffet mit dänischer Hausmannskost und im Sommer abends Barbecue an. Auch das Fleisch stammt aus eigener Produktion. Wer sich davon überzeugen möchte, kann die Schweine, Schafe und Rinder hinter dem Hof besuchen.

Weinanbau

So farbenprächtig, wie sich Bornholm im Frühsommer präsentiert, sind auch die Schmetterlinge in ♥ Bornholms Sommerfuglepark. In dem Tropenhaus herrscht immer Sommer, damit sich die wärmeverwöhnten Pflanzen und Tiere unter der Kuppel wie zuhause fühlen. Jeder Schmetterling hat eine eigene Lieblingspflanze, von der er sich ernährt und sich mit Bestäubung der Blüten dafür bedankt. Der Park in der Nähe von Nexø hat von April bis Ende September geöffnet.

sommerfugleparken.dk

Bornholms weiße ♥ Rundkirchen sind ein bisschen kleiner als die Festung Hammershus, aber ihre besondere Form verdanken sie einer ähnlichen Funktion. Sie wurden im 12. Jahrhundert als ♥ Verteidigungs- und Kultstätten gebaut. Bei einem feindlichen Angriff konnten Frauen und Kinder in der

Berühmte Rundkirchen

unteren Etage Schutz suchen, während die Männer oben zwischen Zinnen und Schießscharten die Angreifer vertrieben. Die schwarzen Kegeldächer wurden erst später aufgebaut, zu Beginn hatten die Kirchen eine offene Verteidigungsplattform auf dem flachen Dach. Die mächtigen Stützpfeiler in der Mitte der Kirchen, die alten Verzierungen und die teilweise noch original erhaltenen Mauern und Böden aus dem Mittelalter machen die Kirchen zu einem ganz besonderen Ort, der sich doch sehr von anderen Kirchen unterscheidet. Vier Rundkirchen stehen noch heute in **Østerlars**, **Olsker**, **Nyker** und **Nylars**. Aber Bornholm hat auch eckige Schönheiten in der Kirchenlandschaft zu bieten, zum Beispiel die ♥ Bodils Kirke oder ♥ Sankt Peders Kirke in **Pedersker**, die als die älteste Kirche Bornholms gilt. Interessant sind auch die Torhäuser, in denen früher die Kirchenbesucher ihre Waffen abgeben mussten, bevor sie zum Gottesdienst gingen.

Familienurlaub

Abwechslung für jüngeres Publikum verspricht der Freizeitpark ♥ Brændesgårdshaven nahe **Listed**. Im Landwirtschaftsmuseum ♥ Melstedgård zwischen **Melsted** und Listed erfährt man, wie das bäuerliche Leben früher war. Besucher können eine Kutschfahrt buchen oder bei der Apfelernte helfen. Neben dem Melstedgård steht das ♥ Madkulturhus Gaarden, welches sich der Esskultur auf Bornholm widmet.

Lokale Spezialitäten

Radfahren ist auf der Insel auch mit Kindern ein Vergnügen. Die ausgeschilderten Radrouten sind entweder reine Fahrradwege oder zumindest ruhige Nebenstrecken, wo kaum Autos verkehren. In der kostenlosen Fahrradbroschüre werden 21 Touren ausführlich beschrieben, darunter auch ♥ eine spezielle Kinderfahrradroute.

Familienurlaub

Die sogenannten Erbseninseln **Christiansø**, **Frederiksø** und **Græsholm** sind wohl versehentlich in die Ostsee gepurzelt. Sie liegen vor der Küste von Gudhjem in der See und werden täglich mit dem ♥ Schiff von Svaneke und Gudhjem aus angefahren. Hunde und Katzen dürfen nicht mit, auch Autos sind verboten. Alle anderen, die die kleinste Inselgruppe Dänemarks erleben möchten, sind willkommen. Die Inselgruppe untersteht dem Verteidigungsministerium, die etwa 100 Bewohner haben einen eigenen Inselrat und zahlen keine Kommunalsteuer. Die ♥ Festung auf Christiansø wurde von Christian V im 17. Jahrhundert errichtet, seitdem ist die Insel bewohnt.

bornholmex-press.dk

Gut zu wissen

Für die Hauptsaison im Juli und August sind nicht nur alle gut gelegenen Ferienhäuser sehr schnell ausgebucht, sondern auch die **Fährverbindungen** von Deutschland aus. Die **Fähre** zwischen **Sassnitz** und **Rønne** verkehrt ab 2018 auch im Winter, aber nicht täglich. Daher sollte man vor der Ferienhaus-Buchung unbedingt einen Blick auf den Fahrplan werfen. Das Schnellboot von **Ystad** in Schweden fährt ganzjährig mehrmals täglich, die Fähre ab **Køge** aus Südseeland verkehrt auch nachts.

BORNHOLM

BORNHOLM **TIPPS**

- Wandern und Radfahren
- Lokale Spezialitäten
- Naturerlebnisse
- Kunst und Handwerk

QR-Code scannen und weiterstöbern! Den kompletten Artikel zum Ort mit Strandfotos, interessanten Ausflugszielen und vielen Ferienhäusern gibt es hier.

Lage

Städtereisen

Drei Städte wurden in den ersten beiden Bänden von **Mein Herz schlägt für Dänemark** immer wieder vermisst: **Aalborg**, **Aarhus** und natürlich viel mehr Informationen zu **Kopenhagen.**

Selbst wenn man nur **einen Tag in Kopenhagen** verbringen möchte, wird man diese Stadt kennen- und lieben lernen! Für seine **Museen und Schlösser** und für moderne **Architektur und Design** ist die Stadt weltberühmt, ebenso bekannt ist ihre vorzügliche Gastronomie für **Genießer**. Wer **Shoppen** will, wird hier glücklich werden. Und obwohl Rauchen in der Öffentlichkeit weitestgehend untersagt ist, findet man in Kopenhagen eine stattliche Anzahl wunderbarer **Raucherbars und Kneipen** für einen unvergesslichen Abend in der Hauptstadt.

Kopenhagen
Amagertorv

Aarhus – den lille storby

Aarhus, Dänemarks zweitgrößte Stadt, klingt für manch einen Urlauber nach „Den Gamle By", dem Museumsdorf, welches zu den top Attraktionen in Dänemark zählt. Vor vierzig Jahren war es vielleicht einer der Hauptgründe, um den geliebten Strand zu verlassen und nach Aarhus zu fahren. Den Gamle By ist sehenswert, keine Frage, doch die Stadt hat noch viel mehr zu bieten, obwohl es nur eine kleine Großstadt (en lille storby) mit nicht einmal 350.000 Einwohnern ist.

Von Aros zum ARoS – eine kurze Stadtgeschichte

Aarhus ist wohl die zweitälteste Stadt Dänemarks, seine Gründung wird um das Jahr 770 vermutet. Ribe, das als älteste Stadt Dänemarks gilt, wurde auch in dieser Zeit gegründet, aber es konnte wohl seinen Anspruch auf den Titel „älteste Stadt" besser belegen.

Stadt an der Flussmündung

Gegründet wurde Aarhus als Handelshafen. Der Name ♥ Aros bedeutet so viel wie Flussmündung. Der Hafen lag ursprünglich an einem Fluss namens Å, wurde aber später in die Aarhus Bucht und damit an die Ostsee verlegt. Die Aarhus Å plätschert noch heute durchs Zentrum und beschert der Stadt idyllische Sitzplätze am Wasser. Im Laufe der Jahre änderte sich der Name zu Århus (Haus am Fluss), die offizielle Schreibweise ist seit 2010 Aarhus, weil man fand, dass zwei lateinische Buchstaben international besser ankommen als das nordische Å.

Nachdem die Wikinger im Mittelalter den Ort mit Leben füllten und hier etwa 3.000 friedliche Bewohner Handel trieben, passierte lange Zeit erst einmal nichts Spannendes an der Aarhus Bucht. Erst im 18. Jahrhundert stieg die Bevölkerungszahl langsam an und die Stadt wurde für auch fremde Kaufleute interessant. Mithilfe von neuen Handelsstraßen und Eisenbahnlinien entwickelte sich Aarhus zur größten Stadt Jütlands und diesen Titel wird sie wohl auch in Zukunft behalten.

Geschichte

Neben dem Handelshafen waren es im 20. Jahrhundert vor allem die Studenten, die diese Stadt prägten. Die ♥ Universität Aarhus, an der auch ♥ Königin Margrethe II und ♥ Kronprinz Frederik studierten, wäre mit etwa 45.000 Studenten sogar in Deutschland die viertgrößte Präsenzuni. In Dänemark ist sie natürlich die größte. Die Hochschule wurde erst 1928 gegründet und bekam 1930 einen wunderbaren Park im Stadtgebiet zur Verfügung gestellt, um dort einen, bis heute unverändert einheitlichen, ♥ Gebäudekomplex zu errichten. Alle Bauwerke sind aus gelbem Klinker gemauert, selbst die Fußwege, die Studentenwohnheime und alle neuen Gebäude, mit denen der Campus erweitert wird. Dazwischen liegt ein grüner Park mit einem lauschigen See und vielen Studenten, die hier in Ruhe lesen, träumen oder auch mal feiern dürfen. Das größte Gebäude mit der Verwaltung und dem großen Hörsaal wirkt etwas überladen im Vergleich zu anderen, schlichten Gebäuden. Als im ♥ Zweiten Weltkrieg die deutschen Besatzer hier ihr Hauptquartier einrichteten, waren die Bauarbeiten noch im Gange. Die Vollendung wurde mit immer neuen Anbauten und Verzierungen hinausgezögert, um die ungeliebten Gäste möglichst oft zu stören.

Ungewöhnliche Architektur

Widerstand auf Dänisch

Die Kommune Aarhus zählt heute etwa 335.000 Einwohner. Dazu kommen jährlich um die 700.000 Touristen aus aller Welt. 2017 war Aarhus ♥ Europäische Kulturhaupt-

Kunst und Kultur

stadt, das hat einen wahren Besucheransturm ausgelöst. Vielleicht wächst auch die Bevölkerungszahl weiter, denn das Stadtbild entwickelt sich rasant zu einer modernen Metropole, die den Vergleich mit Kopenhagen nicht scheuen muss.

Größtes Kunstmuseum Europas

Über die Kunst schließt sich der Kreis zu ♥ ARoS, es ist der Name des Kunstmuseums mitten in der Stadt, das 2004 eröffnet wurde.

Stadtentwicklung im Laufe der Jahrzehnte

Der ♥ Hafen von Aarhus lag ursprünglich am Fluss. Mitte des 19. Jahrhunderts merkte man aber, dass große Schiffe wohl mehr Platz benötigen und der Hafen zog mit zwei neuen Hafenbecken um in die Aarhus Bucht. Dort entwickelte er sich zum ♥ wichtigsten Containerhafen des Landes mit insgesamt vier Becken. Aber die Schiffe wurden immer größer und nicht unbedingt schöner, also entschied die Stadtverwaltung 2003, die zentrumsnahe ♥ Hafenfront den Bürgern der Stadt zurückzugeben und neu zu gestalten.

Umgestaltung zu einem Bügerplatz

dokk1.dk

Architektur

Das zentrale Gebäude dieses Stadtentwicklungsplans ist das ♥ DOKK1 an der Mündung der Aarhus Å. Es wurde 2015 eröffnet und vereint alles, was man als Bürger von einer Stadt erwarten kann, in einem ♥ wunderschönen Komplex, den das Architekturbüro ♥ Schmidt Hammer Lassen entworfen hat. Ein Bürgerbüro, die großartige Bibliothek, Kunstausstellungen, ein Café, Spielflächen innen und außen und eine unverbaute Aussicht über die Hafenregion lassen Bürger anderer Städte vor Neid erblassen. Das Areal rund um das DOKK1 ist eine Fußgängerzone mit Anbindung an die Fußgängerzone entlang der Å mit ihren vielen Restaurants und Cafés. Die neue Flächen am Hafen stehen nun für Spiel und Sport zur Verfügung, insgesamt wurde ein Gebiet von etwa vier Fußballplätzen zur Freizeitfläche umgestaltet.

Neue Wohnarchitektur

In Richtung ♥ Nordhafen entstand ein neuer Jachthafen, umgeben von luxuriösen Wohnanlagen. Architekturinteressierten Besuchern sei eine Stadtführung in dieses Gebiet empfohlen, deren ungewöhnlichstes Gebäude wohl der Wohnkomplex

Ein Eisberg am Hafen

♥ Isbjerget ist. Ebenfalls neu sind die Architekturschule,

das Forschungszentrum Navitas, das Hafenschwimmbad sowie der Spiel- und Sportpark ♥ Ø-Haven. Damit die Verkehrsanbindung klimafreundlich ist, wird ein neues Stadtbahnkonzept umgesetzt. Die sogenannte ♥ Letbane verkehrt nach einigen Anfangsschwierigkeiten seit Dezember 2017 auf der ersten Strecke zwischen Hafen und Universität.

Drei Stadtteile, drei Zentren

Das Zentrum von Aarhus, in dem sich das öffentliche Leben abspielt und der Besucher einen Eindruck von der Vielfalt der Stadt spürt, bilden die Stadtteile **Frederiksberg**, **Midtbyen** und **Latinerkvarteret**. Südlich von Frederiksberg schließt sich ein kilometerlanger Küstenwald an, in dem das ♥ Tivoli Friheden, der ♥ Marselisborg Mindepark und außerhalb der Stadtgrenze dann der ♥ Moesgaard Skov liegen. Nördlich des Latinerkvarteret liegt **Trøjborg** mit dem alten Fischerei- und Jachthafen und dem ♥ Riis Skov entlang der Küste. Mitten im hügeligen Riis Skov steht die Jugendherberge und zu seinen Füßen trifft sich im Sommer die Bevölkerung am Strandbad ♥ Den Permanente.

Freizeitpark für jedes Alter

Beliebtes Strandbad

Midtbyen

Midtbyen heißt das Gebiet rechts und links der ♥ Aarhus Å, die vom **Mølleparken** an der **Vester Allé** bis zum DOKK1 quer durchs Zentrum fließt, auf beiden Seiten begleitet vom Åboulevarden. Am nördlichen Ufer ist der **Åboulevarden** ein Fußweg, am Südufer dürfen bis zum Parkhaus am ♥ Kaufhaus Magasin noch Au-

Jægergårdsgade

tos fahren. Da die Sonne mehr auf das Nordufer scheint, ist dieses Ufer gesäumt von Restaurants, Cafés und Eisdielen.

An der **Sankt Clemens Bro** kreuzt die Fußgängerzone Søndergade den Fluss, sie reicht vom Bahnhof im Süden bis zum Latinerkvarteret im Norden. Es ist eine typische Einkaufsmeile, die wie in Kopenhagen **Strøget** genannt wird. Alle großen Handelsketten sind vertreten, dazwischen ein paar kleine Geschäfte, Imbissbuden und so fort. Der Åboulevarden fließt eine Etage unterhalb der Einkaufsstraße, von den Brücken kann man das muntere Treiben recht gut beobachten und nach dem besten Sonnenplatz Ausschau halten.

In der Nähe des Bahnhofs steht das ♥ Rathaus der Stadt. Es wurde in den 40er Jahren nach den Plänen von Arne Jacobsen und Erik Møller gebaut. Das funktionalistische Gebäude wurde aus Beton gegossen, mit norwegischem Marmor verkleidet und ist ein wunderbares Beispiel für das Designprinzip ♥ form follows function. Geradlinig und grau von außen, elegant, hell und luftig von innen ist es auch heute noch ein hochmodernes Gebäude, in dem man sich gern aufhält. Der 60 Meter hohe ♥ Turm war ursprünglich nicht vorgesehen, aber die Bürger haben sich durchgesetzt und nun ist der markante Turm mit der großen Uhr ein weithin sichtbares Beispiel für dänisches Design. Das Bauwerk steht seit 1994 unter Denkmalschutz und kann jederzeit besichtigt werden.

Design Arne Jacobsen

Bauhaus-Prinzip

In der **Frederiksgade** 72 lohnt der Blick durch das mächtige Holztor der ♥ Jyllandsgården, einem alten Bürogebäude, in dem heute eine Anwaltskanzlei sitzt. Früher war hier wohl einmal ein Büro der Tageszeitung Jyllandsposten, denn im Durchgang zum Innenhof hängen Titelseiten der Zeitung mit den bewegendsten Ereignissen der vergangenen Jahrzehnte von der Gründung des Deutschen Kaiserreiches 1871 über die erste Mondlandung bis zur deutschen Wiedervereinigung.

Am anderen Ende der Fußgängerzone steht die ♥ Aarhus Domkirke mit dem höchsten Kirchturm Dänemarks, eingerahmt vom **Bispetorvet** und dem **Store Torv**, auf dem allerlei Märkte und Sportveranstaltungen stattfinden. Am Wochenende lädt ein Plakat zu öffentlichen Yogastunden ein, nebenan gibt es Köstlichkeiten auf dem kleinen Bio-Markt. Am Bispetorvet steht das ♥ Aarhus

Skt Clemens Kirke

Historische Architektur

Theater, dessen Jugendstilbau von ♥ Hack Kampmann mit einer prächtigen Fassade glänzt. Ein großer Pub und ein Steakhouse servieren Speis und Trank, die Besucher auf den vielen Bänken am Bispetrovet bringen ihre Verpflegung jedoch eher selber mit. Das ♥ Café Hack im Nebengebäude des Theaters erinnert mit seinem Namen an den Architekten. Abends finden ab und an kleine Konzerte bei Wein und Kerzenschein statt. Hinter dem Theater in der **Skolegade** stehen die ♥ ältesten Fachwerkhäuser der Stadt mit traditionsreichen Kneipen, die in Dänemark Værtshus heißen. Ein Værtshus ist eine Bar, in der man sich gern schon morgens zum Trinken und Rauchen trifft. Tagsüber sitzen dort eher ältere Semester, abends kommen dann die jungen Leute und füllen die Bars und Straßen bis zum frühen Morgen mit Leben.

Café und Kleinkunst

Nachtleben hinter alten Fassaden

Geschichte

Im Keller der Nordea Bank zwischen Bispetorv und Sankt Clemens Torv ermöglicht das ♥ Wikingermuseum einen Blick auf die Ursprünge der Stadt im 8. Jahrhundert, denn an dieser Stelle befand sich bereits vor über 1.000 Jahren das Zentrum von Aarhus. Eine Zweigstelle des ♥ Moesgaard Museums zeigt hier Fundstücke aus der frühesten Geschichte Dänemarks, die in und um Aarhus entdeckt wurden.

Kirche der Superlative

Die Domkirche oder ♥ Sankt Clemens Kirke mit Platz für 1.200 Menschen ist ein Kirchenbau der Superlative: Der gewaltige Turm ist mit fast 93 Metern ebenso hoch wie der Dom lang ist. Es ist Dänemarks größte Kirche mit dem höchsten Buntglasfenster, dem größten Bildnis des Heiligen Skt. Clemens, dem größten Schiffsmodell in einer dänischen Kirche und der größten Orgel. Die imposante

Kirche ist innen wie außen sehr sehenswert und kann täglich von 10 bis 15 Uhr besichtigt werden, im Sommerhalbjahr auch etwas länger. Noch ein Wert für Statistikfans: Die offizielle Höhenmessung in Dänemark ♥ Dansk vertikal Reference, was dem deutschen „Meter über Normalhöhennull" entspricht, orientiert sich an einem Referenzpunkt in etwa 5 Metern Höhe im Kirchturm.

Messpunkt für Kartographen

Weithin sichtbar ist auch das ♥ ARoS Kunstmuseum, weil auf seinem Dach ein 150 Meter langer, regenbogenfarbiger Rundgang thront, der nachts indirekt beleuchtet wird. Der mächtige, rote Klinkerwürfel, entworfen vom Architekturbüro Schmidt Hammer Lassen, gilt als das größte Kunstmuseum Europas mit zehn prall gefüllten Etagen und einem weithin sichtbaren Kunstwerk auf dem Dach – einem begehbaren ♥ Regenbogenpanorama, entwickelt und gefertigt vom Studio ♥ Olafur Eliasson in Berlin. Das Museum ist mittwochs bis 22 Uhr geöffnet, so dass sich auch im Sommer die Möglichkeit bietet, in einem leuchtenden Regenbogen spazieren zu gehen. Bei Tag schaut man durch die farbigen Glaswände auf die Stadt und kann dabei die Stimmung selbst entscheiden – lieber ein leuchtend roter Blick auf die Stadt fürs Herz oder etwas kühlere, blaue Aussichten? Unterhalb des Panoramas darf man auf der Dachterrasse in der Sonne sitzen und die vielfältigen Kunsteindrücke aus neun Etagen verdauen. Im Museumscafé in der unteren Etage ist der Eintritt frei und man bekommt zumindest einen Eindruck von der Architektur des Gebäudes. Bis 2020 ist eine Erweiterung des Museums geplant. ♥ The Dome soll es heißen und ein noch spektakuläreres Kunsterlebnis mit Licht und Raum schaffen. Man darf gespannt sein!

Kunst von Kopf bis Fuß

Somewhere in the Rainbow

Auch die Nachbarschaft des ARoS ist der Kunst und Kultur gewidmet. Nebenan glänzt das ♥ Musikhuset, ein verglaster Bau für Musik aus allen Genres. Natürlich ist es der größte Musiksaal im Norden! Bei Dunkelheit leuchtet die Glasfront wie ein Goldstück, das sich in den Wasserbecken auf dem Vorplatz spiegelt. Hier spielen, tanzen und singen Größen aus aller Welt. ♥ Kostenlose Konzerte bestreiten zum Beispiel Schüler des benachbarten Jyske Musikkonservatoriums. Auch das Tanztheater Bora Bora und das ♥ Kulturzentrum Godsbanen gruppieren sich um den Platz. Godsbanen war einst ein Güterbahnhof, der mit einem interessanten Neubau zu einem Kunst- und Kulturhaus umgebaut wurde. Workshops, Lesungen und Ausstellungen, die nicht auf die großen Bühnen oder ins

Größter Konzertsaal Dänemarks

Ungewöhnliche Kulturinstitution

herkömmliche Kunstverständnis passen, werden hier gelebt und gezeigt. Auch ohne Dänischkenntnisse lohnt sich ein Besuch des architektonisch sehenswerten Ensembles. Rund um die Kulturfläche ist autofreie Zone. Ein hübscher Park und viele Bänke laden die Bürger ein, Kultur immer in nächster Nähe zu spüren. Hinter dem ARoS findet man Parkplätze, deren Gebühr zu den günstigeren im Stadtzentrum gehören.

Latinerkvarteret

Geschichte

Bummeln in historischem Ambiente

Nach soviel Kultur wird es Zeit für Müßiggang im **Latinerkvarteret**, vor allem, wenn man die eher massentaugliche Gastronomie am Åboulevarden nicht ganz so gemütlich findet. Das Quartier beginnt nördlich der beiden großen Kirchen Skt. Clemens und ♥ Vor Frue Kirke, welche im Mittelalter der Dom von Aarhus war. Ein schöner Weg zum Latin Quarter ist der **Møllestien**. Diese ♥ kleine Kopfsteinpflastergasse mit bunten Häuschen und Stockrosen beginnt hinter dem Mølleparken. Die ♥ Vor Frue Kirke ist eine evangelische Kirche mit einem kunstvollen Flügelaltar und farbenprächtigen Mosaikfenstern. Unter dem Gebäude fand man die Überreste der ersten, steinernen Krypta von etwa 1060, in ihr finden ab und an besondere Gottesdienste statt. Im 13. Jahrhundert beschloss Bischof Peder Vognsen, den Dom an anderer Stelle neu zu erbauen und über der mittelalterlichen Krypta wurde ein Dominikaner Kloster errichtet. Es bestand bis zur Reformation und bildete das Zentrum von Aarhus ♥ ältestem Stadtteil, dem Latinerkvarteret. Straßennamen wie **Klostertorvet**, **Guldsmedegade** oder **Badstuegade** erinnern an das Leben damals. Heute findet man hier die schönsten Cafés entlang der schmalen Gassen, dazwischen hübsche Boutiquen, Feinkostgeschäfte und immer lebendiges Treiben. Auch wenn die Universität etwas außerhalb liegt, ist dieser Stadtteil das eigentliche Studentenviertel.

Königliche Lieblingsbar

1940 - 1945

Frauenmuseum

Das ♥ Casablanca in der Rosengade soll das Stammlokal von Kronprinz Frederik während seiner Studentenzeit gewesen sein, die kleine Grünfläche gegenüber ist des Nachts ein beliebter Treffpunkt der heutigen Jugend. Das ♥ Besatzermuseum und das ♥ Kvindemuseet, in dem es nur um Frauen und ihre Geschichte geht, rahmen den Platz ein. Beliebte Bars sind auch die Raucherkneipe ♥ Ris Ras, das ♥ Café Englen oder das immer volle ♥ Café Drudenfuss. Sehr gut und gemütlich Fisch essen kann man im ♥ Mefisto in der Gasse **Volden**.

Frederiksberg

Ob ein gleichnamiger Kronprinz in **Frederiksberg** gewohnt hat, ist nicht überliefert, aber wer hier wohnt, hat es sehr gut getroffen. Das Viertel beginnt südlich vom Bahnhof und wird auch der ♥ Brotkorb von Aarhus genannt, weil es hier so viele Feinkostgeschäfte gibt. Dazwischen bieten ♥ Kunsthandwerker und ♥ kleine Boutiquen das passende Geschirr und Wohnaccessoires an. Das Wohnquartier wurde im 19. Jahrhundert erbaut, als Aarhus seine erste Eisenbahnlinie bekam. Das Zentrum des Stadtteils ist der **Ingerslev Boulevard**, eine breite Allee, in deren Mitte jeden Mittwoch und Samstag ein ♥ stimmungsvoller Wochenmarkt stattfindet. Die mehrstöckigen Bürgerhäuser mit blühenden Vorgärten sind ein beliebter Wohnort für Familien. Vis á vis des Marktes steht die moderne ♥ Skt. Lucas Kirke aus den 20er Jahren, die um 2000 mit einem ebenfalls sehr eleganten Gemeindehaus erweitert wurde. Etwas älter ist die ♥ Skt. Pauls Kirke, deren Eingangsfassade entgegen der üblichen Ausrichtung von Ost nach West nach Norden zum Stadtzentrum zeigt. Es war die Bedingung des Spenders M.P. Bruun für ihren Bau. Hinter der Kirche lädt ein grafisch angeordnetes Ensemble aus Hecken und Bänken zum Ausruhen ein. Ein paar Meter weiter liegt der ♥ Skanseparken mit Spielgeräten und einem Urban Garden, von und für alle Bürger. Die WG-Einrichtung aus den 70er Jahren in ♥ Den Gamle By stammt aus einem Wohnhaus am Skansen. Hier wohnten wohl schon immer Bürger, die die Gestaltung ihrer Stadt nicht allein der Verwaltung überlassen wollten. Zwischen

Kulinarisches Viertel

Sehenswerter Markt

Hutmacher in Den gamle By

Bahnhof und Frederiksberg steht die ♥ Bruuns Galerie, nicht etwa ein weiterer Kunsttempel, sondern ein neues Einkaufszentrum mit einem beliebten Selbstbedienungsrestaurant in der oberen Etage, wo man gut und günstig speisen kann.

Großes Shoppingcenter

Den Gamle By und der Botanische Garten

Das Freilichtmuseum ♥ Den Gamle By ist eine nachgebaute, kleine Stadt im ♥ Botanischen Garten westlich vom Latinerkvarteret und gut zu Fuß vom Zentrum aus zu erreichen. Der Botanische Garten ist frei zugänglich, auch sein ♥ Gewächshaus mit einer Pflanzensammlung aus vier verschiedenen Klimazonen. Die Anlage gehört zu den Naturwissenschaftlichen Museen der Universität und wird von fachkundigen Mitarbeitern gepflegt. Die Aarhusianer nutzen diesen schönen, leicht hügeligen Park mit vielen verborgenen Nischen als grünen ♥ Picknickplatz.

Top Attraktion

Schöner Picknicken

In Den Gamle By kann man gut einen ganzen Tag verbringen und durch ♥ drei Jahrhunderte Stadtentwicklung wandern. Alle Gebäude sind Originale, die an ihrem ursprünglichen Standort abgebaut und hier in perfekter Umgebung neu aufgebaut wurden. Der Rundgang führt vorbei an ♥ Handwerkerhäusern und einem prächtigen ♥ Münzmeisterhof aus dem 18. und 19. Jahrhundert, durch eine kleine Siedlung aus den 20er Jahren des letzten Jahrhunderts und zu einer ♥ Straßenzeile aus den 70ern, die vielen Besuchern wie ein Ausflug in ihre Kindheit vorkommen wird. Ein ♥ Spielzeugmuseum, ein ♥ Plakatmuseum und verschiedene, kleine Ausstellungen sind in den alten Gebäuden zu besichtigen. Alle Häuser sind voll möbliert, in einigen wird gearbeitet, man kann beim ♥ Zuckerbäcker nostalgische Bonbons kaufen oder im ♥ Jazzkeller aus den 70ern Livemusik hören.

Alle Häuser sind Originale

Der Universitätspark

Die ♥ Aarhus Universität wurde ursprünglich als private Hochschule gegründet und erst seit 1970 als staatliche Hochschule geführt. Sie zählt zu den 100 besten Universitäten weltweit und umfasst 27 Fakultäten aus allen Wissenschaftsbereichen. Auch die Besucher können hier forschen und lernen, das ♥ Steno Museum und das ♥ Naturhistorische Museum haben beide ihren Standort im Universitätspark. Im Steno Museum geht es vor allem um wissenschaftliche

Erkenntnisse, um Naturgesetze und medizinische Themen. Ein ♥ Planetarium mit einer Sternwarte im Stadtteil **Højbjerg** und ein großer ♥ Heilpflanzengarten runden das Angebot ab.

Kinderfreundlichstes Museum

Das ♥ Naturhistorische Museum hat seinen Hauptsitz am Rande des Universitätsparks. Mit über 500 verschiedenen Tierpräparaten und der kindgerechten Präsentation wurde es schon zum kinderfreundlichsten Museum in Aarhus gekürt, aber auch Erwachsene können viel lernen. Die Entwicklungsgeschichte der Erde, Überlebensstrategien der Tiere oder die Natur rund um Aarhus sind nur einige der Themen. Wer mag, kann auch ♥ geführte Wanderungen buchen. Eine Außenstelle ist das Mols Laboratorium im ♥ Nationalpark Mols Bjerge in der Nähe von **Ebeltoft**.

Wanderungen im Nationalpark

Abschließend sollte man eine Runde durch den ♥ schönen Park spazieren. Etwa eine halbe Stunde dauert der Weg um den See und an allen Gebäuden vorbei. Hier fahren keine Autos, das Wasser glänzt in der Sonne und der Wind streicht durch die Weiden. Eine ♥ Fotoausstellung am Weg präsentiert die Ergebnisse eines Fotowettbewerbs zur Natur um Aarhus.

Neues Leben am alten Hafen

Kinderfreundlich auch für Urlauber

♥ DOKK1, der Blickfang an der Hafenfront, ist zwar Bibliothek und Bürgerbüro für die Anwohner der Stadt, aber es ist ebenso spannend für Besucher, vor allem mit Kindern. Die Bibliothek hat eine einmalig große und schöne Kinderabteilung, zudem mit der schönsten Aussicht über den Hafen. Verschiedene, ♥ großzügige Spielecken zum Bauen, Verkleiden, Malen oder Basteln darf jeder frei nutzen. Die Buchsammlung umfasst auch deutsche, englische oder französische Kinderbücher. Für Jugendliche gibt es eine eigene, abgeschirmte Nische mit Liegesesseln, Videospielen und Gesellschaftsspielen. Wer nur mal eine Pause braucht, lässt sich in die gemütlichen Sessel am Fenster nieder und genießt die Aussicht. Falls ein ♥ Gong ertönt, ist in einem Krankenhaus in Aarhus ein Baby geboren. Die riesige Stahlröhre hängt mitten in der Bibliothek von der Decke, es ist ein Kunstobjekt zu Ehren aller Kinder. In jeder Geburtsabteilung der Stadt können Eltern diesen Gong auslösen, wenn ihr Baby das Licht der Welt erblick.

Glockenschlag für Neugeborene

Alle Angebote der Bibliothek sind ♥ kostenlos, auch das W-LAN, für das man an der Touristeninformation im Eingangsbereich ein Kennwort bekommt. Die Bib-

Aarhus Street Food

liothek befindet sich in der ersten Etage, außen herum läuft ein breiter Balkon mit mehreren ♥ Spielplätzen, die als Reise um die Welt angelegt sind. Hier lässt sich auch bei Regen im Trockenen toben, denn der Balkon ist überdacht.

Südlich vom DOKK1 beginnt eine Straße, die **Spanien** heißt. Daher heißt das große Schwimmbad hier auch ♥ Badeanstalten Spanien. Das Bad wurde 1933 eröffnet, die hohe Schwimmhalle mit dem Sportbecken ist noch genauso schön wie damals. Ein besonders warmes Babybecken und eine Spa-Abteilung mit Whirlpool sind später dazu gekommen, um den heutigen Ansprüchen an ein schönes Schwimmbad zu genügen.

Historisches Schwimmbad

Hat man sich müde geplanscht, kann man in der ♥ Aarhus Streetfood-Halle hinter dem Busbahnhof seinen Hunger mit internationalen Köstlichkeiten stillen, bei Sonnenschein sind auch die Sitzbänke vor der Halle immer gut gefüllt.

Internationale Küche

Rund um die Aarhus Bucht

Aarhus liegt an der schon seit jeher wohlhabenden Ostküste von Jütland, eingebettet zwischen den höchsten Hügeln im Seenhochland und den in die Aarhus Bucht ragenden Halbinseln des Djurslands mit dem Nationalpark Mols Bjerge. Die Küste vor Aarhus ist nicht flach, sondern sie steigt vom Flüsschen Å nach Nord und Süd etwas an, wodurch die breiten Waldgebiete am Meer besonders schön zum Wandern und Radfahren sind.

Tolle Fahrrad- und Wanderwege

Nach Süden hin führt die Küstenstraße vom Hafen zunächst am ♥ Mindeparken vorbei, in dem der Freizeitpark ♥ Tivoli Friheden liegt. Er ist wesentlich kleiner als sein großer Bruder in Kopenhagen, aber auch etwas günstiger und gemütlicher. Die meisten Fahrgeschäfte sind für Kinder geeignet. Freitags finden ♥ Open Air-Konzerte statt, es gibt reichlich zu essen und zu trinken und im Konzertsaal Hermans wird auch außerhalb der Saison Programm geboten. Tivoli Friheden hat von April bis September, zu Halloween und über Weihnachten geöffnet. Vor dem Haupteingang steht die Skovhytten, eine hübsche Imbissbude, die bei Abendveranstaltungen den Grill aufbaut und an geschmückten Tischen serviert. Von dort kann man das fröhliche Treiben im Park beobachten, ohne Eintritt zu zahlen.

Hochzeitsgeschenk der Königin

Der Mindeparken geht über in den Marselisborg Wald mit dem ♥ Marselisborg Schloss. Als Sommerschloss des dänischen Königshauses wird es nach wie vor in den Ferien von der königlichen Familie bewohnt. Das dänische Volk schenkte dem Thronfolgerpaar Christian und Alexandrine das Schloss 1898 zur Hochzeit, Königin Margrethe II bekam das Schloss 1967 ebenfalls zur Hochzeit von ihrem Vater geschenkt. Der ♥ Schlosspark und der ♥ Rosengarten stehen offen, wenn die königliche Familie abwesend ist. Wenn sie im Schloss weilt, findet jeden Mittag um halb 12 vor dem Schloss, wie in Kopenhagen, der berühmte ♥ Wachwechsel statt.

Tierpark am Meer

Der Mindepark ist immer für Publikum geöffnet, ebenso wie der ♥ Marselisborg Tierpark weiter südlich. Hier grasen Sika- und Dammhirsche auf den Wiesen und Wildschweine durchforsten ihr eingezäuntes Gehege nach Leckereien.

Naturhistorisches Museum

Schlussendlich führt der **Strandskovvejen** dann in den größten zusammenhängenden Uferwald, in dem auch das ♥ Moesgaard Museum steht. Früher war es in dem großen Gutshof Moesgaard untergebracht, vor ein paar Jahren bekam es ♥ einen prächtigen Neubau mit einem großen, begrünten Dach, auf dem man liegen und in die Land-

schaft schauen kann. Entworfen hat es das Büro Henning Larsen Architects, das auch die ♥ Oper in Kopenhagen gebaut hat. Der alte Moesgaard ist heute Teil der Universität Aarhus mit den Fakultäten für Archäologie und Anthropologie. Eine perfekte Kombination mit dem Museum, dessen Ausstellung von der Entwicklungsgeschichte der Menschheit handelt und mit dem ♥ Grauballemanden einen echten Vertreter der Eisenzeit zu seinen Bewohnern zählt.

Berühmte Moorleiche

Die ♥ Skovmølle, eine hübsch gelegene Wassermühle mit einem gemütlichen Biergarten, gehört ebenfalls zum Moesgaard Museum, das Essen orientiert sich aber an moderner skandinavischer Kochkunst. Günstig speist man am ♥ Moesgaard Strand, denn hier gibt es nur Eis und Fast Food. Trotzdem ist der Strand mit dem Kiosk ein sehr ♥ beliebtes Ausflugsziel. Der feinsandige Strand liegt geschützt in einer Bucht, dahinter laden weitläufige Wiesen am Hang zum Sonnenbaden und Spielen ein. Verschiedene Wanderwege führen in den umliegenden Wald.

Gemütliches Waldgasthaus

Versteckt an einer steilen Treppe zum Strand steht das Gasthaus ♥ Ørneredens im Wald. Eigentlich ist es nur ein Imbiss, der bei schönem Wetter zwischen April

Waldspielplatz und Kiosk

bis September öffnet. Ørnereden heißt Adlernest, denn im Jahr 1860 soll in einem der Bäume ein Adlerpaar genistet haben. Heute ist hier ein ♥ Naturspielplatz mit einigen Info-Tafeln (auf Dänisch), verschiedene Naturmaterialien bieten sich zum Spielen und Klettern an. Der Strand ist schmal und sandig, jedoch nur über eine Treppe zu erreichen. Ein wilder, schöner Wald-Badeplatz!

Praktische Infos zum Stadtbesuch

Aarhus günstiger erkunden

Die ♥ Aarhus Card ist ein Angebot für Besucher, die sich ein oder zwei Tage Aarhus ganz in Ruhe anschauen und dabei sparen wollen. Sie kostet 299 DKK für 24 Stunden und 449 DKK pro Person für zwei Tage. Die Karte gilt als Ticket für die Stadtbusse und gewährt freien Eintritt in die meisten Attraktionen der Stadt.

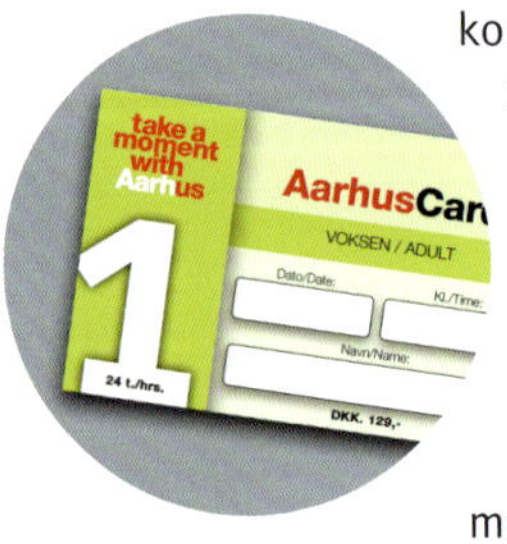

Ein Busticket kostet regulär 20 DKK, das Parken in der Stadt zwischen 12 und 23 DKK pro Stunde. Bei den Bussen ist der Einstieg übrigens hinten, vorn verlässt man den Bus wieder. Für den Ticketautomaten braucht man Kleingeld, falls man keine Aarhus Card hat.

Aarhus lässt sich prima ♥ mit dem Fahrrad erleben, vor allem, weil man damit auch die schönen Wege durch den Küstenwald erreicht. Fahrräder in verschiedenen Ausführungen vermietet ♥ Cycling Aarhus in der Frederiksgade 78. Durch den Torbogen geht es auf den Hinterhof, dort lachen einen die Räder schon an. Die schicken, roten Räder mit dem Aufdruck Cycling-Aarhus bekommt man, wenn man eine Fahrradtour bucht. Es gibt ♥ verschiedene Thementouren mit einem netten Guide, auch in kleinen Gruppen. Gegen eine Pfandgebühr von 20 DKK bekommt man kostenlos ♥ City Bikes an verschiedenen Radstationen, man muss sich aber vorher im Internet registrieren.

cycling-aarhus.dk

♥ Aarhus Guiderne bietet Stadtspaziergänge und Rathausführungen an, auch Touren durch die Mols Bjerge gehören zum Angebot. Die Termine stehen im Internet, eine Anmeldung ist nicht erforderlich.

aarhus-guiderne.dk

Mein Tipp

Einen tollen, englischen **Stadtführer für Aarhus** hat der Buchhändler Jørgen Hansen geschrieben, „The Indispensable Guide to Aarhus". Er verkauft ihn in seinem Buchladen Bog & Idé an der Sønder Allé gleich neben dem Rathaus. Das Büchlein erzählt ein wenig über die Geschichte und das Leben der Stadt und beschreibt sieben verschiedene, interessante Stadtspaziergänge. Jørgen liebt seine Stadt und es macht Spaß, mit diesem Buch durch die Gassen zu wandern.

TIPPS ZU AARHUS

QR-Code scannen und weiterstöbern! Den kompletten Artikel mit weiterführenden Links, mehr Fotos und Videos aus der Region online anschauen. Eine Übersichtskarte für das Stadtzentrum liegt dem Buch bei.

Lage

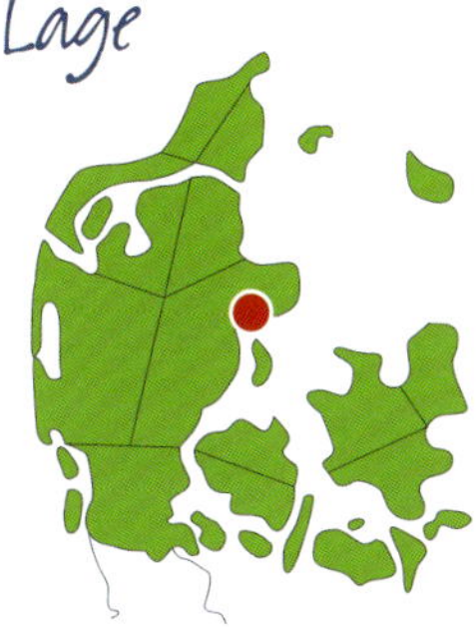

Aalborg – Schmuckstück am Limfjord

Aalborg liegt am Ufer des Limfjords und hat mit „Jens Bangs Stenhus" eine Sehenswürdigkeit aus der Renaissance, die auf vielen Fotos abgebildet ist. Die Hafenfront wurde in den letzten Jahren mit modernen Bauten neu gestaltet. Heute prägt ein sehenswertes Nebeneinander von Alt und Neu die Kaimauern. Viele Studenten leben hier, es ist eine junge, alte Stadt mit einem vielseitigen kulturellen Angebot.

Ein Hafen im Umbruch

Grundstein für die Stadtentwicklung

Aalborg liegt etwa 30 Kilometer vom offenen Meer entfernt, dennoch war der Hafen ein wichtiger Motor für die Entwicklung der Stadt. Seit dem 14. Jahrhundert hielt die Stadt das Monopol für den ♥ Handel mit gesalzenem Hering, einem Grundnahrungsmittel über viele Jahrhunderte. Heute ist das Hafenareal Heimat von über 100 internationalen Firmen. Der Containerhafen mit einer Kapazität von 100.000 Containern spielt zwar nicht in der Liga der größten Häfen mit, ist aber dennoch ein wichtiger Umschlagplatz für Güter im Norden Dänemarks. Aalborg selbst hat etwa 115.000 Einwohner, weitere 22.000 Bewohner zählt der Ortsteil **Nørresundby** auf der gegenüberliegenden Seite des Limfjords und noch einmal 75.000 wohnen in den benachbarten Orten, die zur Kommune Aalborg gehören. Die offiziell empfohlene Schreibweise lautet Ålborg, aber ähnlich wie bei Aarhus hat sich das Aa durchgesetzt, weil es international leichter zu verstehen ist.

Auf der Durchreise nach Norden sieht man nicht viel von der Stadt, die Autobahn führt durch einen Tunnel unter dem Limfjord hindurch. Die Städte Aalborg und Nørresundby sind mit einer ♥ Klappbrücke verbunden. Zusätzlich führt eine schöne alte ♥ Eisenbahnbrücke über den Fjord, die seit kurzem mit einer eigenen Fahrradspur erweitert wurde. Dieser Fahrradweg wurde zum Großteil durch eine Erbschaft finanziert, die eine radbegeisterte Bürgerin ihrer Stadt vermachte. Die Bestrebungen, eine weitere Autobrücke im Westen zu bauen, stoßen bei den Bürgen nicht nur auf Gegenliebe, denn gerade im wenig besiedelten Westen der Stadt will man nicht noch mehr Natur durch Straßenbau zerstören. Auslöser für die Überlegungen war vielleicht der ♥ Strandpark, eine Neubausiedlung mit imposanten Hochhäusern am Lindholm Strandparken in Nørresundby. Die teuren Appartements lassen sich mit einer direkten Verkehrsanbindung wohl besser vermarkten. Insgesamt sind hier 7.000 neue Wohneinheiten geplant. Einen Vorteil bietet die Wohnlage aber schon jetzt: Es ist die Sonnenseite des Fjords, vor allem am Abend!

Verbindung zwischen den Stadtteilen

Neue Wohnbauten auf der Sonnenseite

Noch plätschert das Leben im Westen sehr ruhig dahin. An beiden Ufern gibt es einen Jachthafen, auf der Südseite führt ♥ ein schöner Radweg immer am Fjord entlang bis nach Skive. Die letzte Wohnsiedlung direkt an der Küste ist das ♥ Fjordbyen, eine Art Christiania in klein. Eigentlich war es eine Kleingartenkolonie, die sich aber zu einem alternativen Wohnprojekt für ein buntes Völkchen entwickelt hat. Hecke schneiden, Wege harken oder regelmäßig Fenster streichen muss hier niemand. Pensionierte Fischer und junge Aussteiger leben Tür

Radtour am Limfjord

Kleingartenkolonie für Außenseiter

an Tür in fantasievollen Gartenlauben. Das ♥ Kulturhaus, eine kleine Kneipe, ist das kulturelle Zentrum der Siedlung. Die Stadtverwaltung schaut ab und an mal vorbei, um dann doch zu entscheiden, dass die unkonventionellen Lebensentwürfe hier keinen stören und das Fjordbyen weiter bestehen darf. 2017 wurde zwischen dem Fjordbyen und dem benachbarten Fähranleger zur Fjordinsel

Neue Freizeitfläche

Egholm die ♥ Freizeitanlage Vesthavn eröffnet. Ein Strandbad, Gastronomie und Spielplätz sind eine neuer Pulikumsmagnet, auch die Jachthäfen hoffen sicher auf weitere Segler in der Hochsaison.

Im Zentrum zwischen dem **Østre Havn** und dem Fjordbyen hat sich in den letzten Jahren sehr viel verändert, nachdem der Gewerbehafen nach Osten vor die Stadt verlagert wurde. Die alte Werft hat schon lange geschlossen und aus dem ehemaligen Kraftwerk wurde ein modernes ♥ Kulturzentrum. An der alten Kaimauer führt eine ♥ Hafenpromenade für Fußgänger und Radfahrer entlang, am Honnørkajen legen Kreuzfahrtschiffe oder auch die königliche Jacht Dannebrog an und die Spiel- und Sitzflächen vor der Limfjordbrücke sind beliebte Treffpunkte. Gastronomie gibt es eher wenig, dafür ein kleines ♥ Hafenschwimmbad mit einer Wintersauna direkt über dem Wasser. Das noble ♥ Restaurant Fusion und die Gastronomie in den Kulturhäusern an der zentralen Hafenfront sind die einzigen Lokale mit unmittelbarem Fjordblick.

Zentrum für Design

Das ♥ Utzon Center neben dem ♥ Fachwerkschloss Aalborghus war der erste Neubau, der die Hafenfront veränderte. Das alte Schloss wurde bis vor kurzem als Verwaltungsgebäude genutzt, die zukünftige Nutzung ist noch ungewiss, vielleicht wird es ein Teil des Historischen Museums. Bis dahin schläft es friedlich in seinem kleinen Park vor sich hin und träumt von alten Zeiten, als es unter König Christian II und IV als Festung zur Verteidigung und später als Zollhaus genutzt wurde. Die Bürger wären sicher froh, wenn sie aus dem Schloss zukünftig etwas Attraktiveres bekämen als Steuerbescheide.

Jørn Utzon war ein dänischer Architekt, der mit dem Entwurf des ♥ Opernhauses in Sydney weltweiten Ruhm erlangte. In seiner Heimatstadt Aalborg wurde eins seiner letzten Gebäude errichtet. Das Utzon Center ist ein Ausstellungshaus für Design und Architektur mit verschiedenen Ausstellungen und Workshops, dem schicken ♥ Restaurant Jørn und einem Shop für dänisches Design. Das auffällige Gebäude hat inzwischen Konkurrenz bekommen von weiteren Neubauten, die schon aufgrund ihrer Größe ins Auge fallen.

Zwei schwarze Riesen sind die nächsten Nachbarn. Der hohe Turm ist ein Studentenwohnheim, ebenso wie einige der benachbarten Gebäude. Das davor stehende, schwarze Gebäude mit der breiten Glasfront beherbergt die Studienzweige Kommunikation, Informatik und Architektur der ♥ Universität Aalborg. Hier möchte man gern Student sein! Das riesige Foyer ist nach oben hin über vier Stockwerke offen und lässt viel Tageslicht herein. Von den gemütlichen Sitz- und Arbeitsecken schaut man auf den Fjord. Wer lieber gleich draußen arbeitet, findet Platz auf den ♥ Drehstühlen, die sich um 360 Grad immer in Richtung Sonne drehen lassen. Wer sich ein Appartement in den schicken Studentenwohnheimen leisten kann, muss dafür eine kräftige Finanzspritze von den Eltern bekommen. Mit dem Studenteneinkommen von 800 €, welches jedem Studenten in Dänemark zusteht, lässt sich das sicher nicht finanzieren.

Inspirierendes Universitätsgebäude

Sitzplätze im Sonnenschein

Noch spektakulärer kommt das neue ♥ Musikkens Hus daher. Die Form des grau-weiß-silbernen, verschachtelten Baus mit runden und dreieckigen Fenstern lässt sich nur schwer beschreiben. Es wurde von den Wiener Architekten Coop Himmel(b)lau entworfen. Himmelblau spiegelt sich bei Sonne auch der Fjord in der hohen Glasfront. Das Gebäude ist täglich für Besucher geöffnet. Man kommt zwar nicht in den Konzertsaal, aber darf vom ♥ Balkon in der oberen Etage den Fjordblick genießen.

Sehenswerte Architektur

Schöne Aussicht

Hinter Musikkens Hus wurde das schon erwähnte Kraftwerk ♥ Nordkraft, dass von einem Energie- zu einem wahren Kulturkraftpaket umgestaltet wurde. Wand an Wand mit dem 13-stöckigen, ehemaligen Turbinenturm aus rotem Klinker wurde eine neue, nicht ganz so hohe Universitätsbibliothek gebaut. Um in den

nordkraft.dk

sehenswerten Eingangsbereich des Kulturgebäudes zu gelangen, geht man von der Uferpromenade aus einmal um die Bibliothek herum. Es gibt aber auch einen Durchgang zwischen dem Kino und der Bibliothek, direkt am ungewöhnlich gestalteten **Teglgårds Plads**.

Die Eingangshalle des Kraftwerks ist fast ein ♥ Industriedenkmal. Die alten Stahlträger liegen frei und von der Decke hängen noch die Einfüllschächte für die Befeuerung der Heizkessel. Der Boden ist aus schlichtem Beton, wenn er nicht gerade mit Sand aufgefüllt ist für die sommerliche Strandbar-Dekoration. Hier kann man Tischtennis spielen, Kaffee trinken, Ausstellungen besuchen oder sich in der ♥ Touristeninformation ein paar Tipps für den weiteren Tagesablauf holen. In den oberen Stockwerken gibt es ein Fitnessstudio mit einer 20 Meter hohen ♥ Kletterwand über drei Etagen, das auch Tagestickets anbietet, das vegetarische ♥ Den Grønne Café mit einem leckeren und recht günstigen Buffet, ein indisches Restaurant und diverse Büros. Die Touristenzentrale ♥ VisitAalborg hat den besten Platz in der obersten Etage. Der Bürgermeister borgt sich ab und an den Tagungsraum, um hier mit seinen Gästen Konferenzen abzuhalten – bei dem Ausblick hat er bestimmt die beste Verhandlungsposition! Auf dem Dach kann man eine ♥ Aussichtsplattform besuchen, der Fahrstuhl fährt bis nach ganz oben. Außerdem

gehören ein Kino, eine Kunsthalle, zwei Konzerthallen und ein Theater zum Komplex. Mehr Kultur passt wirklich in kein anderes Bauwerk!

Die Hafenpromenade endet wenige Meter weiter am Østre Havn, um dessen Becken herum neue Wohnblocks wachsen.

Mein Tipp

Die schönste Aussicht auf eine Hafenstadt bietet eine **Hafenrundfahrt**. Die Rundfahrt mit dem „Oldtimer" **M/S Kysten** sollte man auf keinen Fall versäumen, allein weil das weiße Holzschiff so charmant ist wie sein Kapitän. Im Sommer legt Kysten regelmäßig von seinem Steg unterhalb der Vesterbro ab, im Herbst finden die Touren nur bei schönem Wetter und ausreichend Teilnehmern statt – aber darüber lässt Kapitän Nielsen auch mit sich verhandeln. An Bord gibt es Eis und Getränke sowie interessante Geschichten über die Stadt und ihre Gebäude. Kinder dürfen das Ruder aushilfsweise übernehmen, aber nur, wenn sie die Kapitänsmütze dabei tragen!

mskysten.dk

Die Altstadt von Aalborg

Der alte Stadtkern von Aalborg zieht sich von der **Vesterbrogade** vorbei an der ♥ Budolfi Kirke bis zu **Kjellerupsgade** hinter dem Nordkraft, wobei das kommerzielle und historisch bedeutsamste Zentrum zwischen der Vesterbrogade und dem **Boulevarden** liegt. Die schönen Gassen weiter östlich sollte man aber auch durchschlendern. Hier ist es wesentlich ruhiger und man findet so spannende Sachen wie das unterirdische ♥ Gråbrødrekloster Museum am **Gabelstorv**, den idyllischen **Vor Frue Kirkeplads** oder die bunten Häuser in der **Søndergade**.

Unterirdische Klosterruinen

Der Stolz der Stadt ist ♥ Jens Bangs Stenhus an der Vesterbrogade, auch wenn Herr Bang, der dieses prächtige Gebäude im 17. Jahrhundert für sich bauen ließ, wohl nicht der beliebteste Bürger der Stadt war. Er verdiente sein Geld als Kaufmann und war zeitweilig einer der reichsten Bürger Dänemarks. Neben seinem prunkvoll verzierten Wohn- und Geschäftshaus verblasste

Renaissancehaus

das kleine ♥ Rathaus nebenan schon damals und zu allem Überfluss ließ der eitle Geschäftsmann auch noch eine Maske mit herausgestreckter Zunge in die Fassade meißeln. Nichtsdestotrotz ist dieses Gebäude der Blickfang auf der Hauptstraße und gilt als das am besten erhaltene Steinhaus der Renaissance – nicht nur in Dänemark. Die **Østergade** endet mit einem offenen Blick auf den **Toldbod Plads** und die Hafenpromenade. Der Platz ist mit allerlei Podesten und Fontainen neugestaltet, vor den beiden Bars am Platz kann man in der Sonne sitzen. Besonders stimmungsvoll ist es hier leider nicht, da der Platz sehr offen ist und man neben Verkehr und Busstationen sitzt, auch der benachbarte Burger King macht es nicht heimeliger.

Der **Gammeltorv** hinter dem Rathaus war früher der ♥ Markt- und Gerichtsplatz der Stadt, auf dem das öffentliche Leben stattfand. Heute liegt er ein wenig verlassen da. Der ♥ Obelisk in seiner Mitte ist der geographische Mittelpunkt der Stadt. Das gemütliche Leben findet man auf dem benachbarten **C. W. Obels Plads**. In die schmuckvollen Häuser aus verschiedenen Epochen sind ein Brauhaus, verschiedene Restaurants und ein American Diner eingezogen. Selbstverständlich wird ganzjährig auch draußen auf dem Platz serviert, wohlig warm gehalten von Heizstrahlern und Wolldecken. Die barocke Turmspitze der Budolfi Kirke und der Eingang zum schmucken ♥ Aalborg Kloster wachen über dem Platz. Das Kloster wurde im 15. Jahrhundert gegründet, als Aalborg ein blühendes Handelszentrum war. Nach der Reformation wurden die katholischen Klöster im Land geschlossen und im Aalborg Kloster entstand eines der ersten Stiftskrankenhäuser in Dänemark. Heute verbringen Senioren ihren Lebensabend in dem Gebäude, besichtigen kann man daher nur einen kleinen Teil der Außenanlage. Das Bauwerk ist wunderschön, sehr gepflegt und innen mit allen Notwendigkeiten für einen geruhsamen Lebensabend ausgestattet. Obwohl das Kloster und auch der C. W. Obels Plads mitten in der Stadt liegen, spürt man hier kaum etwas vom geschäftigen Treiben der parallel verlaufenden Einkaufsmeile **Bispensgade**.

Klosterstift

Kleinste Domkirche Dänemarks

Die kleine ♥ Budolfi Kirke ist Aalborgs Dom und damit die kleinste Kathedrale in Dänemark. Die Basilika ist dennoch prunkvoll ausgeschmückt. Vom markanten Glockenturm, der eine für Dänemark etwas untypische, barocke Form hat, erklingt jede Stunde ein harmonisches ♥ Glockenspiel.

Gleich neben der Kirche in der Algade befindet sich das ♥ Historische Museum von Aalborg mit der sogenannten ♥ Aalborgstuen. In der Renaissance schmückten wohlhabende Bürger ihre Räume kunstvoll mit üppig verzierten Holzverkleidungen. Die Aalborgstube ist ein vollständig erhaltenes Holzzimmer aus dem beginnenden 17. Jahrhundert. Hübsch ist auch die Abteilung mit Läden aus den 50er Jahren und die ♥ Spielecke für Kinder mit historischen Kostümen. Das Museumsticket berechtigt zum ermäßigten Besuch verschiedener anderer Zweigstellen des Nordjysk Museums. An der Information liegt ein kostenloses Faltblatt mit einem ♥ Stadtspaziergang durch die Altstadt von Aalborg aus, mit dem man alle sehenswerten historischen Gebäuden kennenlernt.

Schnitzkunst der Renaissance

Flyer für den Stadtrundgang

Damit nicht in jeder Gasse des Nachts die Kneipengänger feiern, hat man beschlossen, das Nightlife in der **Jomfru Ane Gade** zu bündeln. In dieser ♥ Partymeile zwischen der Bispensgade und dem Aalborg Casino am Limfjord ist rund um die Uhr etwas los. Am Wochenende schaut man in fast allen Bars Fußball, nachts öffnen die Diskotheken. Eigentlich hat immer eine der Bars geöffnet, schon morgens kann man auf den Terrassen sitzen, frühstücken oder Kaffee trinken. Aalborgs älteste Kneipe findet man etwas außerhalb des Zentrums am Hadsundvej, nahe dem Østre Havn. Das ♥ Café Frederiksberg erinnert an einen englischen Pub. Es eröffnete 1900 und ist nach wie vor eine beliebte Bar, in der regelmäßig Blues- und Rockkonzerte stattfinden.

Nachtleben

Älteste Kneipe

Gemütliche Kaffeebars verteilen sich auf die übrige Innenstadt. Bekannt und farbenfroh ist das ♥ Penny Lane am Boulvarden. Ein Bäckertresen mit köstlichen Brötchen, Kaffee aus bunten Bechern und eine große Auswahl an Tee, auch zum Mitnehmen, sind nur ein Teil des Sortiments. Wer ein leckeres oder irgendwie englisches Mitbringsel sucht, wird hier sicher fündig. Kleine, etwas schlichtere

Kaffeespezialitäten

Bars mit Feinkost und besonderen Kaffeesorten sind das ♥ Behag din Smag am Gabels Torv oder ♥ Koch's Kaffebar an der Algade in der Nähe der Vor Frue Kirke. Die Algade ist eine gemütliche ♥ Fußgängerzone mit kleinen Boutiquen, auf der man den Fahrstuhl zum ♥ Gråbrødrekloster Museum leicht übersieht. Unter der Stadt entdeckte man beim Bau eines Kaufhauses die Reste eines zweiten Klosters. Die Überreste dieses Franziskanerklosters aus dem 13. Jahrhundert sind so sehenswert, dass sie zu einem unterirdischen Museum gestaltet wurden. Man erreicht das Museum nur mit dem Fahrstuhl, für den man einige Kronen Kleingeld an der Tür einwirft.

Über den Klosterruinen steht das moderne ♥ Kaufhaus Salling. An der Ecke Møllegade lohnt ein Besuch bei dem traditionellen Kaffee- und Teehandel ♥ Kronen Kaffe. Aalborg ist nicht unbedingt eine Shoppingmetropole wie **Kopenhagen**, gerade im Textilbereich herrschen die üblichen Ketten vor. Dennoch findet man in den Seitengassen einige hübsche Geschäfte mit Wohnaccessoires oder verschiedenen Leckereien. Kinder sollte man fern halten von ♥ Slikkepinden. So verlockenden, ganz unökologischen Süßigkeiten kann wohl kein Kind kampflos widerstehen! Praktisch für Familien mit kleineren Kindern ist das ♥ Einkaufszentrum Friis am Gabels Torv, weil es hier Sitzecken und ein Spielzimmer mit Wickeltisch gibt.

Kinderzimmer und Stillecken

Kneipentour

Eher für Große ist der ♥ Aalborg Beerwalk geeignet. Für etwa 17 € bekommt man in sechs verschiedenen Kneipen der Innenstadt je ein kleines Bier serviert, alles besondere Biere natürlich. Insgesamt stehen neun Bars zur Auswahl, man kann also selber entscheiden, wo man einkehren möchte. Und natürlich in den anderen ebenfalls ein Bier bestellen, das Glas ist dann größer, kostet aber auch wesentlich mehr als mit dem Beerwalk-Voucher.

Streetfood am Jachthafen

Seit kurzem hat Aalborg auch eine Streetfood-Halle: ♥ The Lighthouse am Skudehavnen, nicht weit vom Seefahrtsmuseum Springeren.

Kunst und Musik an jeder Ecke

Kunst findet man in Aalborg nicht nur in den Kulturzentren oder Museen, sondern wirklich an jeder Häuserecke. Das Projekt ♥ WE AART begann 2014 auf Initiative zweier Streetart-Künstler mit einem Festival, bei dem 10 Hausfassaden von internationalen Künstlern bemalt wurden. 2015 fand das Festival zum zweiten Mal statt und inzwischen gibt es so viele Kunstwerke an den Wänden, dass der offizielle Flyer mit dem ♥ Street Art Walk nur noch einen Teil der Kunstwerke verzeichnet. Da es hier wie überall auch „inoffizielle" Graffitis gibt, kann man als Besucher nicht immer unterscheiden, ob das nun ein berühmtes Werk oder die Arbeit eines kreativen Sprayers aus Aalborg ist.

Streetart

Ziemlich sicher sind wohl die bunten Wände im ♥ Karolinelund schon vor dem Festival entstanden. Karolinelund war ein Freizeitpark in der Stadt, der 2010 geschlossen wurde. Das Gelände südlich des Kulturzentrums Nordkraft ist heute ein Park, den die Bürger in Eigenregie umgestalten durften und damit Platz für kreative Projekte abseits des Mainstreams schafften. Wobei ♥ Urban Gardening, bunte Gemüsebeete für jedermann in selbstgezimmerten Holzkisten in Großstädten, schon fast wieder Mainstream ist. Es gibt eine ♥ Skaterbahn, Ballspielplätze, Spielgeräte für Groß und Klein und das ♥ Platform 4, ein Haus mit Werkstätten und Ausstellungsräumen, die jeder nutzen darf, vorausgesetzt er wird Mitglied im Verein. Im Park finden den Sommer über verschiedene Konzerte und Festivals statt, die alle irgendwie mit ♥ alternativen Lebensentwürfen zu tun haben.

Bürgerpark

Kunstwerkstatt für jedermann

Hinter dem Bahnhof, etwas versteckt über einen Tunnel von der Innenstadt aus zu erreichen, liegt der **Kildeparken**. Von außerhalb findet man ihn etwas leichter, da das ♥ Aalborg Kongres Center und das Hotel Comwell direkt am Park stehen. Es ist nur ein kleiner Park, aber in ihm wohnen die Stimmen von vielen großen Künstlern! Das Projekt der ♥ Singenden Bäume (De Syngende Træer) begann 1987, als ♥ Cliff Richard den ersten Baum auf einer Wiese am Kongresszentrum pflanzte. Mittlerweile stehen hier mindestens 85 Bäume, die von den Musikern selber gepflanzt wurden. Vor ein paar Jahren bekam dann jeder Baum eine Musiksäule, mit denen man sich Lieder der Künstler anhören kann. Nun singen

Singender Park

Kulturhaus Huset

die Bäume wirklich und die Schilder an den Säulen lesen sich wie ein ♥ Who is who der Popgeschichte. Selbst Nobelpreisträger Bob Dylan hat hier einen Baum, ebenso wie Sting, José Carreras, Beyonce oder auch James Last und Helene Fischer.

Livemusik und Gastronomie

Konzerte und Kunst in kleinem, aber sehr idyllischem Rahmen gibt es im ♥ Huset. Das Huset ist ein hübscher, gelber Hof in der **Hasserisgade**, in dem früher einmal das Armenhaus der Stadt war. Sonntags wird alle 14 Tage ein Brunchbuffet mit Livemusik serviert, Tischreservierung und das Programm findet man im Internet.

Moderne Kunst

Das ♥ Kunsten ist Aalborgs Flaggschiff der modernen Kunst. Das Gebäude wurde von dem Finnen Alvar Aalto entworfen und Anfang der 70er Jahre gebaut. Die Konstruktion des Gebäudes ermöglicht eine flexible Gestaltung der Ausstellungsflächen, es ist wunderbar hell und geradlinig skandinavisch eingerichtet. Der Museumspark grenzt an den Stadtwald, über dem der ♥ Aalborg Tårnet als Überbleibsel einer Ausstellung von 1933 aufragt. Viele halten den Turm für das Wahrzeichen Aalborgs, das offizielle Wahrzeichen ist allerdings der Turm der Budolfi Kirche.

Aalborgs Wahrzeichen

Oben im Aalborg Turm, der ein bisschen an einen Wasserturm erinnert, ist ein ♥ kleines Restaurant, eher ein Imbiss, dessen Betreiber den Fahrstuhl bedienen und Besucher nach oben holen. Bei starkem Wind bleibt der schon etwas dienstmüde Aufzug einfach stehen, da hilft nur Geduld. Bei Sturm hat der Aufzug Pause. Man bekommt eine schöne Aussicht über die Stadt und den Fjord geboten. Das Restaurant ist komplett verglast, man steht also nicht im Freien. Am Tresen gibt es Getränke, kleine Speisen und Souvenirs. Da man den Fahrstuhl bezahlt, muss man aber nichts verzehren.

Mit Kindern unterwegs zu weiteren Attraktionen

Familienzoo

Der ♥ Zoo in Aalborg ist ein gemütlicher kleiner Zoo, der auch mit kleineren Kindern Spaß macht. Eisbären, Tiger, Elefant und Co. leben hier. Man kann Bollerwagen und Rollstühle ausleihen, sein Picknick mitbringen oder auch im Lokal ♥ Skovbakken oder am Spielplatzkiosk einkehren. Der Zoo ist rauchfrei, wie auch viele Spielplätze in Dänemark, es gibt aber Raucherzonen. Hunde dürfen selbstverständlich mit hinein, allerdings an der Leine.

Kletterpark in den Bäumen

Im Wald neben dem Zoo schaukeln sechs Kletterbahnen in luftiger Höhe. Je nachdem wie alt und wie mutig man ist, kann man sich im ♥ Klatreparken bis auf 20 Meter Höhe in die Baumwipfel wagen, professionell gesichert natürlich.

Springeren Seefahrtsmuseum

Das ♥ Seefahrtsmuseum Aalborg heißt nach dem Umzug an den Limfjord vor einigen Jahren „Springeren“ und ist ein wirklich ♥ lohnenswertes Ausflugsziel! Springeren ist der ♥ Name des U-Boots, das im Garten besichtigt werden kann. Es gilt als die größte Attraktion, aber vielleicht ist es auch nur das größte Ausstellungsstück. Im Freigelände liegen noch viele andere Boote, Bojen und Anker, der kleine Spielplatz und eine Halle mit ausgemusterten Beibooten der königlichen Jacht Dannebrog. Die Innenausstellung ist sehr abwechslungsreich, Fundstücke aus geborgenen Schiffswracks, eine beeindruckende Sammlung von Buddelschiffen und anderen Schiffsmodellen, ein nachgebautes Hafenkontor und eine kleine Gedenk-Ecke, die ein Privatmann für die gesunkene Titanic gebaut hat – hier kann man viel Zeit verbringen, ohne

sich zu langweilen! Man findet das Museum zwischen dem Jachthafen und dem Fjordbyen. Hinter dem Fjordbyen am **Skydebanevej** ist das

Militärmuseum

♥ Verteidigungs- und Garnisonsmuseum. In einem mächtigen Hangar sind Fahrzeuge und Technik aus allen Bereichen des Dänischen Militärs und des Zivilschutzes ausgestellt.

Die ♥ Fähre nach Egholm legt direkt hinter dem Garnisonsmuseum ab. Sie kreuzt jede Stunde zur kleinen Fjordinsel Insel hinüber und wieder zurück, Tickets gibts am Automaten vor dem Anleger. **Egholm** ist ein flaches, recht unspektakuläres Eiland zwischen Nørresundby und Aalborg. Zum Radfahren ist es nicht geeignet, weil alle Wege unbefestigt sind. Ein acht Kilometer langer Wanderweg führt und um die Insel, vorbei an vielen Wiesen und ein paar Schafen. Das ♥ Restaurant Kronborg öffnet in der Sommerzeit und am Wochenende, dort gibt es auch einen Spielplatz. Spannender für Kinder ist aber wohl der ♥ Vestre Strandpark, der zwischen dem Fähranleger und dem Fjordbyen angelegt wurde. Spielgeräte im und am Wasser, eine Eisdiele und große Liegewiesen locken im Sommer die Familien an den Fjord.

Schwimmbad

♥ Gigantium heißt eins der beiden Schwimmbäder in Aalborg. Vielleicht sollte man nicht allzu Gigantisches erwarten, aber immerhin gibt es einen 5-Meter-Sprungturm, eine lange Rutsche, diverse Becken für jedes Alter und eine separate Wellnessabteilung für Erwachsene.

Spaßbad

Das zweite Schwimmbad gibt sich bescheidener, es heißt einfach ♥ Svømmeland. Es ist ein typisches Spaßbad mit verschiedenen warmen Familienbecken, einer Blockhaussauna auf dem Außengelände und einer Beachbar direkt am Schwimmbecken.

Lustige Spiele für Große

Spielhalle für Kinder

Jugendliche und junggebliebene Erwachsene können sich im ♥ Funcenter amüsieren. Blindfußball, Hockey mit Gummischlägern oder Kloschüsselrennen sind nur ein paar der recht ausgefallenen, aber bestimmt spaßigen Wettkämpfe, in denen man sich hier messen kann. Kleine Kinder sind nebenan in ♥ Leos Le-

geland willkommen. Nach einer ausgiebigen Turnstunde zwischen Trampolinen, Schlangenrutschen oder den Riesenbällen gibt es dann Burger, Pfannkuchen oder Pølser in Leos Restaurant.

Keine Stadt ohne Wikingergeschichte

Selbstverständlich findet man auch in Aalborg Spuren der Wikingerzeit, da Dänemark die Heimat der Wikingerkultur ist, wie wir sie heute kennen. Aber was weiß man wirklich über die Wikinger, außer, dass sie mit ihren Schiffen das übrige Europa in Angst und Schrecken versetzten? Wenn man ♥ Lindholm Høje besucht, ist von den brutalen und kampfeslustigen Kerlen nichts zu spüren. Es ist ein ungemein friedlicher und beeindruckender Ort, der ein ganz anderes Bild des Wikingerlebens im Mittelalter zeigt.

Mittelalterliche Grabstätten

Das Gräberfeld Lindholm Høje liegt auf einem flachen Hang gen Osten am Ortsrand von Nørresundby. Steinkreise markieren die Grabstätten mit insgesamt 682 Gräber, die durch Sandtreiben vor etwa 1.000 Jahren verschüttet wurden und so fast vollständig erhalten blieben. Bis König Harald Blauzahn Dänemark im 10. Jahrhundert das Christentum als Staatsreligion einführte, wurden die Toten nach heidnischen Regeln bestattet. Die Grabstätte gehörte zu einer kleinen Siedlung, in der Handwerker und Bauern lebten und ihr Tagwerk verrichteten. Die Funde aus den Ausgrabungen sind im benachbarten ♥ Lindholm Høje Museum familienfreundlich und interessant präsentiert.

Wikingergeschichte

In den ruhigen Morgenstunden, wenn das Museum noch geschlossen hat und die Schafe die einzigen Gäste auf dem Gräberfeld sind, spürt man den Hauch der Geschichte, der von einem friedlichen, seine Ahnen ehrenden Volk erzählt. Das hyggelige und freundliche Dänemark hat sich nicht nur aus einer Horde

Wikinger-museum Fyrkat

ungemütlicher Haudegen entwickelt. Auch die Wikinger lebten sehr eng im Familienverband und stellten das Wohl der Gemeinschaft allem voran.

Mein Tipp

Spuren der Wikinger findet man auch in der Nähe von **Hobro** am Mariager Fjord, etwa 60 Kilometer südlich von Aalborg. Der kreisrunde Festungswall und die **Burg Fyrkat** wurden von Harald Blauzahn errichtet. Das kleine Museumsdorf in der Nähe ist eine Nachbildung. Das Ensemble von neun Häusern zeigt, wie ein **Wikingerdorf** organisiert war, wie die Menschen lebten und arbeiteten und lädt den Gast ein, an verschiedenen Aktivitäten teilzunehmen. Die idyllische Lage zwischen einem Flusslauf und einem Waldgebiet trägt dazu bei, dass man ein **Herz für Wikinger** verspürt!

Praktische Informationen

Das Zentrum von Aalborg mit allen Attraktionen lässt sich gut zu Fuß erkunden. Doch es gibt nichts Schöneres, als mit dem Rad unterwegs zu sein, ganz wie die Dänen. ♥ Munk's Fahrradgeschäft in der **Løkkegade 25** vermietet Fahrräder in verschiedenen Größen. Das Geschäft öffnet um 8.30 Uhr, so dass man den Tag schon früh mit einer Radtour beginnen kann. Eine ♥ kostenlose Fahrradkarte für die gesamte Region von **Hou** und **Hals** bis nach **Nibe** und vom Waldgebiet ♥ Hammer Bakker bis zum ♥ Lille Vildmose an der Ostsee bekommt man bei der Touristeninformation.

Mehr Infos in Band II

♥ Parkplätze in der Innenstadt von Aalborg gibt es kaum. Auf den meisten Plätzen ist das Parken kostenpflichtig oder schreibt die Nutzung einer Parkscheibe vor. Es gibt drei gebührenpflichtige Parkflächen des Unternehmens Q-Park, die in einem Parkleitsystem ausgeschildert sind. An den Attraktionen außerhalb des Zentrums stehen kostenlose Stellplätze zur Verfügung. Da die Stadt nicht sehr groß ist, kann man sein Glück auch in den Nebenstraßen etwas außerhalb versuchen und mit einem Fußweg von 10 - 15 Minuten die Innenstadt erreichen.

Parken in Aalborg

Zum ♥ Nordjyllands Historiske Museum gehören zwölf Museen im Umkreis von Aalborg. Man bekommt mit jedem Ticket eine Rabattkarte, die einen Nachlass für andere Standorte des Museums in **Hobro**, **Mariager** oder **Hals** gewähren.

nordmus.dk

Was ist denn nun mit dem ♥ Aalborg Akvavit, werden sich einige Leser fragen. Er stammt natürlich ursprünglich aus Aalborg. In dem großen Werk an der westlichen Hafenpromenade wurden wohl einige Millionen Liter dieses für Dänen unentbehrlichen „Snaps" gebrannt. Seit 2015 ist die ♥ Produktion nach Norwegen verlegt, das norwegische Unternehmen Arcus hat die dänischen Destillerien Aalborg Akvavit und Gammel Dansk aufgekauft und zu der neuen Firma ♥ Det Danske Spiritusskompagni umbenannt. Im alten Werk wird es wohl eines Tages ein Museum geben.

Akvavit aus Norwegen

Gut zu wissen

Stadtrundfahrten werden in Aalborg nicht angeboten, dafür ist die Stadt auch zu klein. Stattdessen bekommt man in der Touristeninformation im Nordkraft und auch im Aalborg Museum interessante Vorschläge für **Stadtspaziergänge** zu verschiedenen Themen wie Streetart, historische Altstadt oder Kneipenbummel.

TIPPS ZU AALBORG

QR-Code scannen und weiterstöbern! Den kompletten Artikel mit weiterführenden Links und mehr Fotos aus der Region online anschauen. Eine Übersichtskarte für das Stadtzentrum liegt dem Buch bei.

Lage

Wonderful, wonderful – Kopenhagen

Die wunderbare dänische Hauptstadt Kopenhagen liegt im Osten von Nordseeland, wo deutsche Urlauber nicht unbedingt ihre Ferien verbringen. Aber Dänemark ist ein kleines Land. Selbst von Jütland aus kann man einen Tagesausflug in die Hauptstadt planen und dabei feststellen, dass ein Tag viel zu kurz ist für diese tolle Stadt!

Ausgezeichnete und liebenswerte dänische Hauptstadt

Hauptstadt der Radfahrer

Für **Kopenhagen** lässt man am besten sein Auto zuhause, packt Sonnenbrille und eine wasserfeste Windjacke ein und macht sich vom Bahnhof aus direkt auf den Weg zum nächsten Fahrradverleih. Das ♥ Fahrrad ist hier, neben dem gut ausgebauten öffentlichen Nahverkehr, das perfekte Transportmittel.

In Dänemarks Hauptstadt sieht man keine Hochhausschluchten oder mehrspurige Autoschlangen im Dauerstau. Laut Statistik fahren in Kopenhagen mehr Fahrräder als Autos, fast die Hälfte aller Berufstätigen radelt täglich auf breiten Radwege und tollen Fahrradbrücken zur Arbeit. Stau gibt es in der Rushhour also eher auf den Radwegen, daher solle man als Urlauber nicht unbedingt zu dieser

Zeit seine erste ♥ Fahrradtour durch Kopenhagen starten. Wenn die Wege frei sind, ist es ein Vergnügen, durch die Stadt zu radeln, nicht zuletzt wegen der kurzen Entfernungen zwischen den Sehenswürdigkeiten und den hyggeligen Cafés.

Mehr ab Seite 124

Kopenhagens Zentrum präsentiert sich als ein gelungener Mix aus ♥ alter Bausubstanz und ♥ moderner Architektur, umgeben von unzähligen ♥ Grünanlagen mit spielenden Kindern und entspannten Erwachsenen. Saubere Luft und die ♥ Nähe zum Wasser spürt man überall im Zentrum, sei es durch den Hafen oder an einem der vielen Seen. Großstädtischer Hektik erlebt man nicht mal auf der Einkaufsmeile **Strøget** oder an den touristischen Hotspots, wenn gerade eine Ladung Kreuzfahrer an Land gegangen ist. Die Kopenhagener machen pünktlich Feierabend und genießen das Leben, vorzugsweise im Freien. Die Balance zwischen wohnen und arbeiten scheint hier so ausgewogen zu sein, dass man als Gast ein wenig neidisch wird.

Das moderne Kopenhagen hat einen sehr traditionellen Kern, sowohl in der Lebensweise als auch in der Architektur. Die ♥ historische Altstadt zwischen **Rådhuspladsen**, dem malerischen **Nyhavn** und dem Kastell sowie der gegenüberliegende Stadtteil **Christianshavn** sind während der deutschen Besetzung im Zweiten Weltkrieg fast komplett erhalten geblieben.

Indre By

Hier wechseln sich bürgerliche Stadthäuser mit bunten Fachwerkgassen und historischen Prachtbauten ab. Die vereinzelten Neubauten fallen kaum auf. Da alle Schlösser eher bescheiden wirken und die Plätze von Leben erfüllt sind, selbst der Rathausvorplatz und der breite Schlossplatz vor ♥ Schloss Amalienborg, empfindet man als Besucher eine tiefe Dankbarkeit den Stadtplanern und -lenkern gegenüber: Danke, dass ihr aus eurer Stadt keine adelige Trutzburg und kein Finanzzentrum gemacht habt, sondern sie als Stadt für Bürger gestaltet habt!

Kopenhagen ist eine Hafenstadt, sinngemäß bedeutet der Name einfach „Kaufmannshafen".

Der Innenhafen zieht sich wie ein breiter Fluss mitten durch die Stadt. Seine Wasserqualität ist so gut, dass darin fleißig gebadet wird, vorzugsweise in den schicken ♥ Hafenschwimmbädern. Der neue Gewerbehafen liegt außerhalb an der Ostküste, aber die Ausflugsschiffe, die Königliche Marine und die ♥ gelben Wasserbusse kreuzen in Sichtweite und sorgen zusammen mit den Freizeitkapitänen und Kajakfahrern für bunte Farbflecken im plätschernden Blau.

Kopenhagen als Wohnort bekam in den letzten Jahren viele Titel verliehen: Grünste Hauptstadt, Lebenswerteste Stadt, Hauptstadt der glücklichsten Europäer. Einen großen Beitrag dazu leistet sicher die gute Luft. In einem relativ kleinen Stadtgebiet mit nur etwa 700.000 Einwohnern und kurzen Entfernungen ist es leicht, Energie und Abgase zu sparen. Autos sind so teuer, dass die Bürger schon aus Kostengründen lieber Rad fahren. Aber es gehört auch eine gewisse Grundhaltung dazu, dass die ♥ autofreie Mobilität ein Lebenskonzept und nicht nur eine Notlösung ist.

Grundlage der Stadtplanung

Der Stadtentwicklungsplan ♥ Fingerplanen aus den 1940er Jahren gilt noch heute: öffentlicher Nahverkehr bildet die Grundlage der innerstädtischen Mobilität. Der Abstand zwischen Wohn-, Arbeits- und Grünflächen soll so kurz wie möglich gehalten sein. Kopenhagens Grundriss erinnert an eine Hand mit gespreizten Fingern, zwischen denen die Stadtteile mit ihren Wohn- und Freizeitflächen angeordnet sind.

Die Handfläche bildet das **Indre By** (Innenstadt), nach außen zeigen die Straßen **Vesterbrogade**, **Gammel Kongvej**, **Åboulevard**, **Fredensgade** und **Østerbrogade**, dazwischen beginnen die äußeren Stadtteile. Die ♥ Kopenhagener Seen bilden einen grünen Naherholungsstreifen zwischen dem Zentrum und den Wohngebieten.

Eine weitere Entscheidung aus den 60er Jahren prägt Kopenhagens Stadtbild: Im Zentrum darf kein Gebäude höher hinauf ragen als die Kirchtürme. Was heutzutage in der Höhe fehlt, steht an Grundfläche zur Verfügung. Seit der innerstädtische Hafen an Bedeutung verlor, entstand viel Platz für Freizeit, Kultur und jede Menge Neubauten. Berühmte, öffentliche Beispiele sind der Anbau der ♥ Königlichen Bibliothek, das neue ♥ Schauspielhaus oder die mächtige ♥ Königliche Oper. Und es wird weiter gebaut, noch ist Platz im Stadtgebiet. Eine Dauerbaustelle bis 2019 ist die Erweiterung der Metrolinien und stadtauswärts entsteht neuer Wohnraum am ♥ Nordhavn, im ♥ Carlsberg Byen oder in ♥ Ørestad.

Mehr ab Seite 164

Die moderne Architektur trägt dazu bei, dass Kopenhagen sein selbst gestecktes Ziel, bis zum Jahr 2025 ♥ CO2-neutral zu sein, erfüllen könnte. Parkflächen in der Innenstadt werden abgebaut, die Metro ersetzt Individualverkehr und auch Buslinien. Dass neue Wohnanlagen hell, klima- und vor allem menschenfreundlich gestaltet werden, versteht sich von selbst. Auffällig ist auch, dass öffentliche Bauten und Einkaufszentren so konzipiert werden, dass immer Tageslicht bis zum Erdgeschoss einfällt, entweder durch riesige Fensterfronten, durch Glasdächer oder über Lichtschächte. So spart man Energie für Beleuchtung und nebenbei ist die Atmosphäre in den Gebäuden wesentlich angenehmer.

Beim ersten Besuch von Kopenhagen hält man sich vor allem in der Innenstadt (**Indre By**) und in **Christianshavn** auf. Durch die Vielzahl von Sehenswürdigkeiten auf engem Raum ist ein Tag gut gefüllt. Die besten Bars und Bistros, schnuckelige kleine Läden und vermutlich mehr Kopenhagener als Touristen findet man allerdings in den immer beliebter werdenden Stadtteilen **Vesterbro**, **Nørrebro** und **Østerbro** sowie in den Straßenzügen von **Frederiksberg**.

Indre By, das Zentrum von Kopenhagen

Die Indre By zwischen dem Hafen und den Kopenhagener Seen beherbergt alle großen Attraktionen vom ♥ Vergnügungspark Tivoli bis hin zu den prächtigen Schlössern, Museen und Kirchen. Die bekannte Fußgängerzone **Strøget**, die eigentlich aus vier Straßen besteht, führt vom **Rådhuspladsen** bis zum **Kongens**

Publikumsmagnet Nyhavn

Nytorv kurz vor den bunten Häuserfronten am **Nyhavn**. Vor allem den vorderen Bereich der Strøget säumen große Textil-Ketten und Dönerbuden (sie heißen hier Shawarma). Ab dem **Amagertorv** wird es dann etwas eleganter mit den sehenswerten Kaufhäusern ♥ Illum und Illums Bolighus, berühmten Modemarken und dänischen Traditionsmarken wie ♥ Georg Jensen oder ♥ Royal Copenhagen. Am Weg durch die Fußgängerzone passiert man die traditionsreichen Plätze **Gammeltorv** und **Nytorv**, der schönen Amagertorv und am Ende den durch die Metro-Baustelle bis 2019 etwas unübersichtliche Kongens Nytorv.

Auf diesen Plätzen ist immer was los. Große Kaffeehäuser und Restaurants warten auf Kundschaft, Musiker hoffen auf Gehör und zwei imposante Brunnen plätschern dazu. Etwas gemütlicher sind die kleinen Geschäfte und Lokale in den parallel verlaufenden Straßen Kompagnistræde und Læderstræde, auch **Strædet** genannt.

Studentenflair und Nachtleben

Das Gebiet nördlich der Strøget zwischen **Købmagergade**, dem **Nørreport** und der **Vester Voldgade** ist das ♥ Szeneviertel im Zentrum. Hier ist die ♥ alte Universität von Kopenhagen zuhause und mit ihr Studenten, gemütliche Kneipen und die urigsten Geschäfte. Das Viertel heißt auch ♥ Latinerkvarteret. Zur Gründungszeit der Universität im 15. Jahrhundert wurde hier Latein gesprochen und gelehrt. Kleine Läden mit Mode und Schmuck oder so skurrilen Dingen wie „Filmschurken und -helden" säumen die Gassen. Vieles ist handgemacht oder zumindest aus kleiner Produktion. Dazwischen reiht sich eine Bar an die andere, viel Retro-Ambiente oder auch Schmuckstücke wie das ♥ Paludan Bogcafe, das einen Buchhandel mit freiem W-LAN und junger Gastronomie vereint.

Buchhandel mit Café

Vor allem abends ist der **Gråbrødretorv** mit einer großen Platane in der Mitte der ♥ schönste Platz im Viertel. Dicht gesäumt von gemütlichen Restaurants, die das ganze Jahr über im Freien servieren, verbreitet er eine fast südländische Atmosphäre – die niedrigeren Temperaturen gleicht man einfach mit Wolldecken und sonnigem Gemüt aus. Ein kleineres, ebenfalls gemütliches Plätzchen ist die **Pistolstræde**.

Die besten Markthallen, natürlich auch preisgekrönt wie so vieles in dieser Stadt, sind die ♥ Torvehallerne am **Israels Plads.** Die heutigen Hallen wurden 2011 eröffnet und sind nicht nur ein Augenschmaus. Allein die Farbenpracht am Gemüsestand oder die liebevolle Art, wie hier ein Sandwich zubereitet wird, sind einen Besuch wert. Wer wissen will, was in Kopenhagen gerade angesagt ist, muss nur schauen, wo sich die längsten Schlangen bilden. ♥ Trends in Kopenhagen haben fast immer etwas mit Essen zu tun! Die Hallen schließen, typisch dänisch, schon recht früh am Abend zwischen 19 und 20 Uhr.

Beste Markthalle der Stadt

Kuliniarische Trends

Sehnsucht nach einem Leben am Meer bekommt, wer einen Liegestuhl an der Hafenkante ergattern konnte. Zwischen der schwarz glänzenden Bibliothek und der ♥ Kleinen Meerjungfrau, die etwas abgelegen vor dem ♥ Kastell sitzt und hofft, dass endlich mal ein Prinz die Rettung bringt, gibt es reichlich ♥ Außensitzplätze mit Hafenblick. Liegestühle, Sitzsäcke und rustikale Holzbänke stehen zur freien Verfügung und füllen sich bei Sonnenwetter spätestens gegen 16 Uhr, wenn die Dänen Feierabend machen. Noble Restaurants mit weiß gedeckten Tischen findet man in den Nebenstraßen, wo es windgeschützter ist.

Typisch Kopenhagen

Wie ein blaues Band schlängelt sich der Hafen quer durch die Stadt. Wenn man im Indre By sitzt, schaut man auf die gegenüberliegenden Bürogebäude und alten Speicher von Christianshavn, das Opernhaus und die ♥ königliche Jacht Dannebrog, die vor der denkmalgeschützten Marine-Insel **Nyholm** liegt. Nicht ganz so weit ist die Aussicht vom ♥ Nyhavn, dafür umso bunter. Die farbigen Häuser auf der Nordseite des Nyhavns beherbergen fast alle ein Lokal. Nur wenige davon sind traditionell-dänische Gaststätten wie die Frokostrestaurants ♥ Nyhavn 17, ♥ Leonore Christine oder ♥ Told og Snaps. Die meisten servieren internationale Küche. Liegestühle gibt es hier nicht und die Getränke auf den zahlreichen Außenplätzen sind fast

Berühmteste Häuserfront der Stadt

unverschämt teuer. Aber wenn man sich, wie die Insider, sein Bier am Kiosk um die Ecke in der **Lille Standstræde** kauft und ein Plätzchen an der Hafenmauer findet, ist man mittendrin im Leben. Das internationale Publikum ist gut gelaunt, Boote tuckern vorbei und Straßenmusiker spielen Jazziges zum Feierabend. Dass die Lokale auf der bunten Nordseite des Nyhavn angesiedelt sind, hat historische Gründe: Die Südseite von Nyhavn stand früher unter königlicher Verwaltung und da sollte es anständiger zugehen als am städtisch verwalteten Nordufer. Vielleicht liegt es aber auch einfach daran, dass das Nordufer die Sonnenseite ist! Heute prägt Bildende Kunst das Südufer, in der Charlottenborg ist heute eine Kunstakademie mit Museum untergebracht.

Zwei Seiten des Nyhavns

Ein Muss für jeden Touristen ist der saisonal geöffnete Park Tivoli zwischen Hauptbahnhof und Rathaus. Es lohnt sich nicht, einmal kurz hineinzuschauen und dann den nächsten Programmpunkt anzusteuern, dafür ist der Eintritt auch zu hoch. Tivoli ist eine kleine, wunderbare Welt für sich hinter hohen Mauern, die kaum erahnen lassen, was für ein Paradies dort liegt. Er ist ein Vergnügungspark im wahrsten Wortsinne: Er bereitet dem Besucher Vergnügen und ist gleichzeitig eine wunderschöne, blühende Parkanlage. Die höchsten Fahrgeschäfte ragen weit über die Mauer hinauf, aber die ganze Fülle an Attraktionen, märchenhaften Gebäuden und unzähligen Restaurants entdeckt man erst, wenn man die Tore passiert. Der Park hat im Sommerhalbjahr und jeweils einige Wochen im Oktober und zur Weihnachtszeit geöffnet. In der übrigen Zeit kann man nur im Hotel Nimb ein wenig von der zauberhaften Atmosphäre genießen. Der Eintrittspreis für den Tivoli lohnt sich auch, wenn man kein Freund wilder Karussellfahrten ist. Man sollte aber mindestens drei Stunden für den Besuch einplanen und die abendliche Illumination nicht versäumen!

Sehenswert für jedes Alter

Zauberhaftes Hotel

Christianshavn und Amager

Südlich vom Hafen liegen **Christianshavn** und die künstlich angelegte **Inselgruppe Holmen**. Man erreicht Christianshavn über die schon erwähnte **Knippelsbro** oder mit den gelben Havnebussen, die vor dem Schauspielhaus ablegen. Die „Hafenbusse“ sind eigentlich Fähren, sie gehören zum

Tarifgebiet des öffentlichen Nahverkehrs. Die meisten Gäste nutzen aber die Fußgänger- und Radfahrerbrücke ♥ Cykelslangen von Nyhavn nach Christianshavn. Aus ihrem Spitznamen „kissing bridge“ wurde nach etlichen Baupannen „missing bridge“, da die beiden beweglichen Brückenhälften zunächst leider nicht zusammenpassten. Die Brücke ist Teil des ♥ Havneringen, einem Radweg rund um das Hafengebiet, und wird von tausenden Radfahrern und Fußgängern täglich genutzt.

Mehr ab Seite 124

Christianshavn wurde im 17. Jahrhundert von ♥ König Christian IV geplant, um ein bisschen Amsterdam nach Kopenhagen zu bringen. Bei den Offizieren der Königlichen Marine, die dort wohnen sollten, kam die Idee nicht besonders an, doch heute ist der idyllische Stadtteil auf der Insel **Amager** ein Publikumsmagnet und eine bevorzugte Wohnlage. Die malerischen Häuser, liebevoll restaurierte Holz- und Hausboote und gemütliche Straßencafés am **Christianshavn Kanal** findet man östlich der **Torvegade**, ebenso wie die schöne ♥ Vor Frelsers Kirke mit ihrem markanten, goldenen Turm.

Berühmter Kirchturm

In die **Prinsessegade** fordert ein bunt bemaltes Tor auf, die EU zu verlassen, um den selbsternannten **Freistaat Christiania** zu besuchen. Das Grundstück, auf dem Christiania liegt, gehört bis heute dem Verteidigungsministerium. Wohnungsnot und Protest gegen die Regierung bildeten den Auftakt zum Projekt Christiania. Im September 1971 beschlossen die Bewohner von Christianshavn, die Zäune um das verlassene Militärgelände niederzureißen, die Gebäude zu besetzen und Spielfläche für ihre Kinder zu schaffen. Im Laufe der Jahre entwickelte sich ein weltweit bekanntes Gemeinschaftsprojekt mit eigenen Gesetzen und enormer Kreativität. Die ♥ selbstgezimmerten Häuser mit ihren bunten Gärten, fantasievoll gestaltete Lokale und nicht zuletzt das ♥ Lastenrad Christiania Bike zeigen, wie Menschen sich in einer freien Atmosphäre verwirklichen können. Im Süden grenzt Christiania an die alten Festungswälle am Stadtgraben. Wenn die Bewohner in ihren Hängematten oder auf Bänken aus eigener Produktion in den Sonnenuntergang träumen, scheint die Welt in Ordnung. Der Freistaat lohnt einen Besuch, Taschen und Wertsachen sollte man aber im Auge behalten. Die liberalen Regeln in Christiania ziehen auch Kriminalität und Drogenhandel an. Gekifft wird hier an jeder Ecke, das Geschäft mit harten Drogen hat sich aber nach einem Zwischenfall vor einigen Jahren etwas gelegt. Dafür ist die alterna-

Kunsthal Charlottenborg

tive Kunst- und Kunsthandwerkerszene ein Publikumsmagnet geworden, zum Weihnachtsmark in Den Grå Hal stehen die Besucher Schlange!

Luxuriös Wohnen auf Holmen

Die ♥ Inselgruppe Holmen, auf der einst Kanonenboote und Munitionsdepots der ♥ Königlichen Marine stationiert waren, zählt heute zu den ♥ teuersten Wohnflächen in Kopenhagen. Aus den hölzernen Kanonenhütten wurden Freizeit- und Bürogebäude, dazwischen entstanden schicke Wohnblocks. Vielleicht ist es das, was Kopenhagen so besonders macht: Ein recht unkompliziertes Nebeneinander von alternativem, fast kostenlosem Wohnraum in Christiania und den teuersten Luxuswohnungen der Stadt!

Reichster Stifter Dänemarks

Für „seine" neue Oper wählte der Sponsor ♥ Arnold Mærsk Mc-Kinney Møller ebenfalls eine der Holmen-Inseln, eventuell, damit er sie von seinem gegenüberliegenden Büro aus immer im Blick hatte. Hinter dem Opernhaus erstreckt sich der Campus der Akademie für Architektur und Design.

Die große Insel **Amager** war früher eine eher trostlose Gewerbe- und Industriefläche mit dem Flughafen von Kopenhagen und der Autobahn zur Øresundbroen nach Schweden. Durch den neuen Stadtteil **Ørestad**, dessen Bau mit zwei Linien der Metro begann, entwickelte sich die Insel zu einem Anziehungspunkt für ♥ Liebhaber moderner Architektur. Nur wenige Meter weiter beginnt ein Naturschutzgebiet mit flachen Weiden, Schafen und viel Wald. Im ♥ Naturcenter Amager kann man ein Fahrrad mieten und der Stadt den Rücken kehren. Die Metro verkehrt alle paar Minuten ins Stadtzentrum, es gibt auch eine Buslinie und einen S-Bahnanschluss.

Zwischen dem Hafen und Ørestad erstreckt sich das ♥ Natur- und Freizeitgebiet Amager Fælled mit Rodelberg, BMX-Strecke und vielen Radwegen. Der Uferbereich zum Hafen hin heißt ♥ Islands Brygge, hier trifft man sich zum Baden, Bootfahren und selbstverständlich auch auf einen Drink im Liegestuhl am Ufer. Etwa einen Kilometer lang ist die Promenade, deren Herz ein ♥ Hafenschwimmbad bildet, daneben reihen sich Spielflächen, Restaurants und Bars, Bootsanleger und Open-Air-Bühnen aneinander. Im Sommer trifft sich hier vor allem die junge Bevölkerung. Und noch eine neue Freizeitfläche zieht die Städter auf die Insel: die künstlich angelegte Strandfläche am ♥ Amager Strandbad. Wer noch sportlicher unterwegs ist, trifft sich am ♥ Cablepark Copenhagen oder in der Kletterhalle Blocs & Walls auf **Refshaleøen**. Hier, ganz im Norden von Amager, finden im Sommer Musikfestivals statt. Das Restaurant ♥ Noma und auch die Kunsthalle ♥ Copenhagen Contemporary haben auf der angesagte Fläche eine neue Heimat gefunden.

Mehr ab Seite 164

Sommerlicher Treffpunkt

Wakeboard fahren im Hafen

Das Schmuckkästchen von Amager ist der Hafen von **Dragør**, einem Ort ganz im Südosten von Amager. Die gelben ♥ Fischerhäuser der Altstadt stehen hier so dicht beieinander, dass man durch einige Gassen nicht mal mit dem Rad fahren darf. Den Hafen schmückt ein weithin sichtbarer ♥ Lotsenturm, der die Seeleute früher half, Seelands östlichsten Hafen anzusteuern. Heute gehört er zum Amager Museum, ebenso wie das Museumsdorf ♥ Store Magleby. Hier lebten im 16. Jahrhundert holländischen Einwanderer. König Christian II bot ihnen damals Grund und Boden an, damit sie Kopenhagen mit Obst und Gemüse versorgten. In Dragør kann man gut und vor allem viel günstiger als in Kopenhagen speisen. Natürlich gibt es auch dänisches Design zu sehen: Das beliebte ♥ Dragør Søbad hat kein geringerer als Arne Jacobsen entworfen.

Schmucke Altstadt

Amager ist fast so groß wie die gesamte Fläche von Kopenhagen. Etwa die Hälfte der Insel ist nach wie vor unbebaut. Hier erwacht das typische Urlaubsgefühl von Weite und Entschleunigung! Daran wird wohl auch das Zusammenwachsen von **Malmø** und Kopenhagen zur **Großregion Øresund** so schnell nichts ändern.

Vesterbro

Vesterbro beginnt direkt hinter dem Kopenhagener Hauptbahnhof. Interessant sind hier vor allem die **Istedgade** und der ehemalige Fleischgroßmarkt ♥ Kødbyen.

Die **Istedgade** war einst ein reines Rotlichtviertel. Im vorderen Bereich in Richtung Bahnhof ist sie das immer noch. Stadtauswärts hat sich jedoch ein buntes, multikulturelles Kneipenleben entwickelt, das besonders von jungen Leuten gern besucht wird. Viel Design, Second Hand, Retromöbel, günstige Salatbars und laute Kneipen findet man hier, Tür an Tür mit schicken, angesagten Restaurants. Die Istedgade endet am **Enghaveparken**, einem beliebten Treffpunkt mit einer Skaterbahn und Parkanlagen. Davor sitzt man beim Kaffee in der Sonne am **Enghave Plads**. Auch die **Enghavegade** zwischen dem Enghave Plads und der **Frederiksberg Allé** ist gesäumt von angesagten Lokalen. Auf dem weitläufigen Gelände des ♥ Kødbyens, südlich der Istegade, werden die alten Markthallen für Gastronomie und junge Kultur genutzt. Im Kødbyen findet man angesagte Lokale wie die ♥ Fiskebaren, das ♥ Fleisch oder die gemütliche Pizzeria ♥ Mother.

Gastronomischer Treffpunkt

Der Fahrradladen ♥ Baisikeli am Rand des Købdyen, kurz vor dem S-Bahnhof **Dybbølsbro**, vermietet gebrauchte und neue Fahrräder, Cargobikes, Anhänger und Zubehör. Hier gibt es für jeden das richtige Leihrad und dazu noch die günstigsten Tarife. Die gesparten Kronen kann man dann gegenüber im riesigen ♥ Einkaufszentrum Fisketorvet ausgeben oder zumindest einen Blick in die Restaurant-Etage werfen, denn der Ausblick auf das Hafenbecken ist schon sehenswert. Ist man für Kommerz nicht empfänglich, fährt man um die Shoppingmall herum auf einem schwungvollen Radweg und radelt den Havneringen entlang. Oder man besucht die Hafenfront am Sydhavn, eine interessante Kombination von schicken Neubauwohnungen und alten Hausbooten.

Vesterbro grenzt an **Valby** und **Frederiksberg**. Genau dazwischen liegt das Gelände der ♥ Carlsberg Brauerei, wo heute nur noch im Carlsberg Museum das ♥ Jacobsen gebraut wird. Der Gründer der Carlsberg Bryggeri hieß Jacobsen, er benannte die Großbrauerei damals nach seinem Sohn Carl. Die ehemaligen

Luxusbier der Carlsberg Brauerei

Fabrikanlagen sind bis auf wenige, denkmalgeschützte Bauten inzwischen abgerissen und machen Platz für ein weiteres Neubauprojekt: ♥ Carlsberg Byen. Die schönen Backsteintore und -türme am legendäre ♥ Elefantentor sind geblieben und bilden das Zentrum der neuen Wohnbebauung. In der ♥ Dansehallerne auf dem gleichen Gelände finden moderne Tanz- und Ballettveranstaltungen statt.

Carlsbergs Elefanten

Die Hauptstraße durch Vesterbro heißt **Vesterbrogade**. Zum Bummeln ist sie nicht ganz so hyggelig, aber man findet eine große Auswahl an Restaurants und Bars für jedes Portemonnaie. Gemütlich geht es auf dem **Vesterbro Torv** zu. Vor der ♥ Elias Kirche stehen ganzjährig Tische und Stühle unter großen Schirmen. Im ♥ Café Obelix lädt der Gallier zur Happy Hour bis 19 Uhr auf ein günstiges Fassbier ein.

Nørrebro

Nørrebro ist ein studentisch geprägtes Wohngebiet mit einer großen Dichte angesagter Restaurants, Frühstückscafés und mit Feierabendkneipen, vor denen man sich am Nachmittag auf einen Plausch beim Bier trifft. In der **Ravnsborggade** versammeln sich diverse Antiquitätenläden. Bei ♥ Mayol in der **Blågårdsgade** findet man lustige und vor allem überflüssige Dinge, von denen man bisher gar nicht wusste, wie dringend man sie trotzdem kaufen muss! In der **Jægersborggade** wimmelt es nur so von trendigen Lokalen, selbst Sterneküche wird hier serviert im Restaurant ♥ Relæ, eine beeindruckende Weinauswahl und kleine Speisen bekommt man im gegenüberliegenden ♥ Manfreds. Dänisches Design, jung interpretiert, verkaufen die zahlreichen, kleinen Kunstboutiquen. Rund um den **Skt. Hans Torv** gibt es einen weiteren Hotspot mit Bars und Kneipen, alle recht bunt und fantasievoll eingerichtet. Einige Cafébars servieren morgens Frühstück, mittags bis zum frühen Abend frische Salate und warme Speisen und abends wird das DJ-Pult aufgeklappt und aus dem Café wird eine Tanzbar. Im ♥ Bodega am Kapelvej arbeitet man so und serviert zudem ziemlich köstliche Speisen. Nachts könnte man im Musikclub ♥ Rust bis zum Morgengrauen weitertanzen, für einen Besuch nach 23 Uhr muss man aber mindestens 20 Jahre alt sein.

Sehr angesagte Straße

Friedhof mit berühmten Grabstätten

assistens.dk

Der ♥ Assistens Kirkegård ist der bedeutendste Friedhof Kopenhagens. Berühmte Dänen wie ♥ Hans Christian Andersen, ♥ Søren Kierkegaard oder ♥ Finn Juhl wurden hier beerdigt. Um diese Grabstätten auf eigene Faust zu finden, braucht es ein wenig detektivischen Spürsinn, eine Broschüre mit ♥ Lageplan im Internet hilft dabei. Geführte Touren über den Friedhof bietet das ♥ Kulturcentret Assitens an. Der große Friedhof ist von zwei ♥ Radwegen durchzogen. Die Freiflächen sind beliebt als Picknickplätze oder zum Sonnenbaden, beides mag dem Fremden zunächst etwas ungewöhnlich erscheinen. Über Nacht werden die Tore geschlossen, Gespensterpartys um Mitternacht sind leider nicht erlaubt.

Østerbro

Ganz im Osten zwischen Nørrebro und dem Nordhavn liegt **Østerbro**, der bevölkerungsreichste Stadtteil von Kopenhagen, kurz **Ø** genannt. Besonders bei Familien ist dieses Viertel sehr beliebt. Einen großen Teil der Fläche nimmt der **Fælledparken** ein. Er besteht überwiegend aus Rasen für Spiel und Sport, Betreten der Grünflächen ist ausdrücklich erlaubt. Begrenzt wird die weitläufige Parkanlage vom ♥ dänischen Nationalstadion und dem größten Krankenhaus des Landes, dem ♥ Rigshospitalet.

In Østerbro geht es geruhsam zu. Touristen verlaufen sich hier eher selten, dafür erlebt man den Kopenhagener Alltag, zum Beispiel das ♥ entspannte Feierabendgefühl, welches gegen 15 Uhr beginnt. Dann trägt man seinen Picknickkorb mit Kind und Kegel in den Fælledparken, zieht die Sportschuhe an oder entspannt bei einem Drink mit Blick auf den äußersten der Kopenhagener Seen, derzeit mit Baustellenflair, weil auch hier eine Metrostation entsteht.

Die Hauptstraße **Østerbrogade** ist eine gut bestückte ♥ Shoppingmeile mit einer Vielzahl von ♥ Feinkostgeschäften und gemütlichen Plätzen zwischen den alten Wohnhäusern. Am **Skt. Jakobs Plads** sitzt man mit Blick auf die große ♥ Skt. Jakobs Kirche und das Sportstadion dahinter. Nebenan liegt das historische Wohngebiet ♥ Brumleby. Diese Siedlung wurde im 19. Jahrhundert von Medizinern entwickelt, um die Lebensbedingungen der Bürger gesünder und lebenswerter zu gestalten. Wer dort wohnt, setzt alles daran, diesen Lebensraum zu erhalten! Es war eine der ersten ♥ Genossenschaftssiedlungen weltweit mit öffentlichem Badehaus, einem Genossenschaftsladen und viel Grün. Heute

Gesünder Wohnen im 19. Jahrhundert

fragen sich die Anwohner, warum nicht alle neuen Wohngebiete nach gleichem Muster geplant werden. Ein ♥ kleines Museum hat sonntags geöffnet und verrät mehr über die Geschichte der Siedlung. Im ehemaligen Badehaus ist heute ein entzückender Laden namens ♥ Rambow mit Porzellan, Deko und Schnickschnack. Die Besitzerin wohnt in Brumleby und weiß viel über die interessante Siedlung zu erzählen. Die schönen Backsteingebäude am **Østerfælled Torv** waren ursprünglich eine Kaserne, nach dem Auszug des Militärs wurde daraus ein Einkaufs- und Kulturzentrum. Die ♥ Theatergruppe Republique hat zwei der Hallen zu Bühnen umgebaut. Ihre Aufführungen sind vielfach preisgekrönt und bereichern die Kopenhagener Kulturlandschaft. Sehr hyggelig ist es am **Bopa Plads**, wo mehrere Bars und ein Spielplatz zum Verweilen einladen. Bopa war der Name einer Widerstandsbewegung im Zweiten Weltkrieg, deren Mitglieder in den Wohnblocks um den Platz lebten.

In Østerbro findet man kaum große Restaurants, man speist hier klein und gemütlich oder kocht selber. Eine Ausnahme ist das ♥ Geranium, Kopenhagens einziges Drei-Sterne-Restaurant im achten Stock des Nationalstadiums ♥ Telia Parken.

Seit 2012 hat Østerbro auch einen schicken Badestrand mit Strandpromenade am Nordhafen vor dem Shopping- und Wohncenter ♥ Tuborg Havnepark. Wer hier seine Jachten parkt, gehört zu den wohlhabenden Bürgern von Kopenhagen. Die Neubauten auf dem ehemaligen Hafengelände ♥ Nordhavnen bilden den Stadtteil **Nordhavn**, es ist das größte Stadtentwicklungsprojekt Nordeuropas.

Größtes Stadtentwicklungsprojekt

Auf die Frage, wohin eigentlich das Erdreich kommt, das bei einem U-Bahn-Bau aus dem Boden geholt wird, findet man die Antwort auf den Baustellen. Es wurde ins Hafenbecken geschüttet, um darauf die Wohnanlagen und den neuen

Anleger für große Kreuzfahrtschiffe zu errichten. Am Ende des alten Kreuzfahrtanlegers, dem ♥ Langeliniekaj hinter dem Kastell, kann man bei einem leckeren Eis den besten Ausblick auf die aus- und einlaufenden Schiffe und die gesamte Hafenregion genießen.

Arbeitersiedlung aus dem 18. Jahrhundert

Bereits im 18. Jahrhundert wurde in Østerbro die Wohnanlage ♥ Nyboder gebaut. Hier sollten die Marinebediensteten wohnen, was sie etwas widerwillig auch taten. Die gelben Häuserreihen stehen heute noch unverändert an den alten Kopfsteinpflastergassen zwischen **Kastell** und **Kongens Have**. Die Frauen der Seeleute waren damals lange Zeit allein zuhause und versüßten sich die Wartezeit mit Hausfreunden. Ein Porzellanhundpärchen im Fenster war das geheime Erkennungszeichen: Schauten sich die Hunde an, war der Gatte daheim, drehten sich die Hunde den Rücken zu, war die Luft rein für Hausbesuche.

Stadt in der Stadt: Frederiksberg

Frederiksberg wirkt wie ein Stadtteil von Kopenhagen, politisch betrachtet ist es aber eine eigenständige Kommune. Mit etwas über 100.000 Einwohnern ist Frederiksberg sogar die fünftgrößte Stadt Dänemarks und dazu eine der schönsten. Das liegt vor allem an den alten Bürgerhäusern und der idyllischen Grünanlage ♥ Frederiksberg Have mit dem gelben ♥ Frederiksberg Schloss. Auch der ♥ Kopenhagener Zoo ist Teil des Parks. Vom schwarzen Aussichtsturm, der zudem auf einem Hügel steht, hat man einen herrlichen Blick über die Stadt. Und offen wie die Dänen sind, haben sie den Blick auf Teile des Zoos auch vom Park aus geöffnet. Der Einblick auf das ♥ Elefantenhaus und die Savanne sind vom Park aus kostenlos.

Designerhaus für Elefanten

Rund um den Park findet man sogenannte ♥ Familiehaver: Traditionelle Ausflugslokale, die auf karierten Tischdecken unter freiem Himmel ♥ Smørrebrød und ähnliche Köstlichkeiten servieren. Familiehaver haben eine lange Tradition, die an deutsche Biergärten erinnert. Man sollte vor dem Besuch unbedingt einen Tisch reservieren.

Mehr ab Seite 192

Die Hauptstraßen **Gammel Kongevej** und die **Falkoner Allé** sind gesäumt von bunten Geschäften und kleinen Bars, ebenso wie die Querstraße **Værnedamsvej**. Am Gammel Kongvej steht das kleinste Hotel der Stadt, das einen selbstbewussten Namen trägt: ♥ Central Hotel og Café. Es gibt nur ein Zimmer über der Kaffeebar! Das ♥ Frederiksberg Center ist dagegen riesig, es vereint die üblichen Shoppingketten unter einem Dach. Interessanter sind da vielleicht die Läden unter dem benachbarten Radisson SAS Hotel. Dort gibt es Hifi von ♥ Bang & Olufsen und nebenan Möbel und Lampen dänischer Designer bei ♥ 3 falke Møbler. Beliebte Cafés sind das schnuckelige ♥ Ipsen & Co oder das ♥ Laundromat Café, in dem man nebenbei seine Wäsche waschen kann. Das Laundromat Café gibt es mehrmals in Kopenhagen.

Kleinstes Hotel der Stadt

Shopping Center

Mein Tipp

Eine der Bäckereien am Weg verkauft leckeres **Wienerbrød**, was typisch dänisch und in Deutschland daher auch als „Kopenhagener" bekannt ist. **Andersens Bakery** stammt aber aus Hiroshima. Der Gründer der Bäckerei war bei einem Kopenhagenbesuch in den späten 50ern so begeistert vom dänischem Gebäck, dass er drei Jahre experimentierte, bis er den Dreh für das perfekte Wienerbrød herausbekam. Heute gibt es in **Japan** 80 Filialen und zwei in Kopenhagen.

Die **Frederiksberg Allé** bildet die Grenze zu Vesterbro. Es ist eine Allee im besten Sinne und ein friedlicher Ort abseits der lebhaften Einkaufsstraßen. Schnurgerade, von zwei Reihen Bäume und großzügigen Wohnhäusern gesäumt, führt sie direkt zum Frederiksberg Park. Wenige, aber gemütliche, traditionelle Restaurants, moderne Kaffeebars und köstliche Feinkostgeschäfte laden zum Stöbern ein. Am Ende der Allee stehen mehrere Theater und Kleinkunstbühnen mit Musik und Varieté sowie das ♥ Storm P. Museet, ein Karikaturenmuseum, das nach einem berühmten dänischen Comiczeichner benannt wurde. Im Winter lädt die ♥ Skøjtebanen Frederiksberg Runddel zum Schlittschuhlaufen ein.

Karikaturenmuseum

Eislaufen am Frederiksberg Park

Für Schnäppchenjäger ist der ♥ Flohmarkt hinter dem Frederiksberg Rathaus ein Paradies. Jeden Samstag von April bis Oktober gibt es hier alles vom selbstgehäkelten Mützchen bis zu antiken Möbelstücken. Im Rathaus gibt es noch ein antikes Unikum: Einen ♥ Paternosteraufzug, den man gern auch benutzen darf. In Frederiksberg sind viele Studenten unterwegs. Fakultäten der ♥ Kopenhagener Universität und auch die ♥ Copenhagen Business School haben hier einen Campus. Der Frederiksberg Park wimmelt im Sommer von jungen Familien mit Kindern und der ♥ Schnullerbaum für abgelegte Nuckis erfreut sich großer Beliebtheit.

Ausflugsziel für kleine Kinder

Für eine Übernachtung in Kopenhagen ist Frederiksberg eine gute Adresse. Die Zimmerpreise sind etwas niedriger, aber man ist trotzdem mitten im Leben. Mit der Metro oder dem Bus sind es nur wenige Minuten zur Innenstadt von Kopenhagen.

Sehenswerte Orte, die nicht in jedem Reiseführer stehen

Kunst in der Zisterne

Einige kleinere Schätze findet man erst beim näheren Hinsehen oder durch Tipps von liebenswürdigen Anwohnern. Besonders beeindruckend ist die Galerie im ehemaligen Wasserspeicher von Kopenhagen. Die ♥ Cisternerne ist ein 4.200 m² großes, unterirdisches Gewölbe in Frederiksberg unter dem Park ♥ Søndermarken, gegenüber des Zoos. In einigen Reiseführern wird es noch als Glasmuseum angepriesen, aber seit 2014 ist es ein ganz ungewöhnlicher Kunstort. Aufgrund der hohen Luftfeuchtigkeit und der konstant niedrigen Temperatur sind die Gewölbe nur von März bis November geöffnet. Seit dem 19. Jahrhundert haben sich imposante Tropfsteine gebildet, die einzigen in ganz Dänemark. Zwischen diesen zerbrechlichen Naturkunstwerken gibt es jedes Jahr eine neue Ausstellung, die nur für diesen Raum geschaffen wird. Die Musik liefert das stete Tropfen des Wassers aus den Mauerritzen.

Blumenpracht im Hinterhof

Der ♥ botanische Garten auf dem Frederiksberg Campus der Universität ist auch so ein Kleinod. Man findet ihn zwischen **Bülowsvej** und **Grønnegårdsvej**. Wenn man ein bisschen Dänisch versteht, bekommt man in der Broschüre des Gartens hilfreiche Tipps zur Gestaltung der eigenen Gartenlandschaft. Ähnlich schön ist es im Blumengarten des ♥ Kongelige Danske Haveselskab. Der Eingang ist links vom Haupteingang des Frederiksberg Parks. Im Garten blüht es den ganzen Sommer über bunt und üppig. Die spazierenden und fachsimpelnden Gartenfreunde teilen ihr Wissen sicher gern mit anderen Besuchern.

Königlicher Gartenverein

↗ natkirken.dk

Kerzenlicht und andächtige Stille locken abends in die Kirchen der Innenstadt. ♥ Natkirken heißt das Angebot, dass vom Kopenhagener Dom organisiert wird. Mindestens eine Kirche im Zentrum öffnet

Die Kleine Meerjungfrau

abends ihre Tore. Einige lassen ein Musikprogramm erklingen, andere verteilen gemütliche Sitzsäcke auf dem Boden und bieten warmen Tee, Kekse oder auch ein Gespräch an. Eine Kirche bei Kerzenlicht zu erleben ist ein schöner Ausklang für einen anstrengenden Tag in der Stadt.

Immer ein guter Tipp für den Restaurantbesuch ist die Empfehlung „Byens Bedste...", die man in vielen Schaufenstern sieht. Vom Bäcker über Pizza bis zu Kinos und Übernachtungsmöglichkeiten wird alles von Gästen bewertet und das Ergebnis jedes Jahr neu auf dem Portal ♥ Alles über Kopenhagen veröffentlicht. Gelobte Lokale und Geschäfte bekommen einen Aufkleber für's Schaufenster.

aok.dk

In den folgenden Kapiteln sind verschiedene Vorschläge für **einen Tag in Kopenhagen** beschrieben, nach Verkehrsmitteln und Themen sortiert. Dazu gibt es weitere Tipps für trendige Lokale, besondere Geschäfte oder gemütliche Plätze zum Verweilen. Wie heißt es so schön auf einem Plakat im Büro von ♥ Segway-Tours in Kopenhagen: „Foreigners, please don't leave us alone with the Danes".

segway-tours.dk

TIPPS ZU KOPENHAGEN

QR-Code scannen und weiterstöbern! Den kompletten Artikel mit weiterführenden Links, mehr Fotos und Videos aus der Region online anschauen. Eine Übersichtskarte für das Stadtzentrum liegt dem Buch bei.

Lage

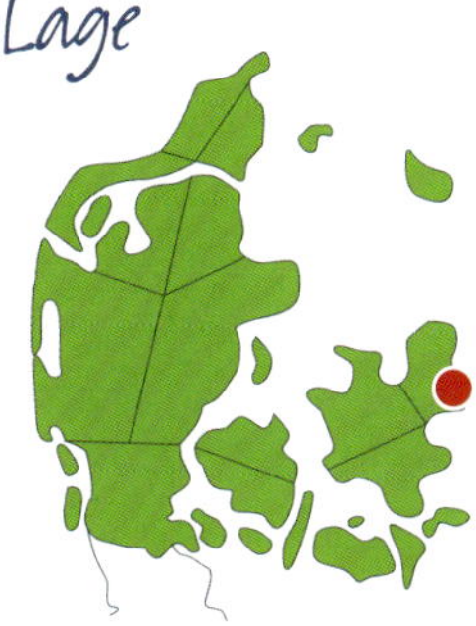

Økologisk
&To Stay...

KOPENHAGEN

Nur ein **Tag in Kopenhagen**? Das wird eng, ist aber kein Grund, nur nach der **Kleinen Meerjungfrau** zu suchen und wieder heimzufahren. Ob man mit dem **Bus** zu allen **Highlights** fährt, **Kopenhagen** mit dem **Fahrrad** erkundet, sich den Sehenswürdigkeiten **vom Wasser aus** nähert oder den **einen Tag fast umsonst** verleben möchte – alles ist möglich. Sogar mit **Kind und Kegel** gibt es verschiedene Möglichkeiten für einen Tag, ebenso wie für einen Stadtspaziergang zwischen **Architektur** oder **Kunst und Kultur**. Die Vorschläge sind nach Themen sortiert, manche Ziele werden daher mehrmals erwähnt. Einige Vorschläge folgen einer **festen Spur**, andere geben einen **Überblick** über alle sehenswerten Orte der Stadt, unabhängig von ihrer Lage zueinander.

Praktische Informationen vorab

Hilfreiche Infos zum Stadtverkehr, zum Parken, zu den Öffnungszeiten, für eine Übernachtung und Tipps zu Spielplätzen und einem Stadtbesuch mit Hund.

Öffentlicher Nahverkehr

Nach Kopenhagen fährt man am besten nicht mit dem Auto. Klar, Straßen gibt es, auch Autobahnabfahrten, dazu sündhaft teure Parkhäuser und radikale Radfahrer, die den Autofahrern das Leben schwermachen. Am besten steigt man spätestens am Stadtrand in die S-Bahn oder die Metro. In der Stadt schlendert man dann gemütlich durch die Gassen, leiht sich ein Fahrrad oder nutzt die öffentlichen Verkehrsmittel Bus, Metro und Wasserbus.

citypass.dk

Ein Touristenticket für 24 Stunden heißt ♥ City Pass. Man bekommt es in den roten Automaten an jedem Bahnhof, in den Metro Stationen oder online. Es kostet 80 DKK pro Person und gilt für vier Zonen, inklusive der gelben Wasserbusse. Bleibt man länger in der Stadt, lohnt sich ein 72-Stunden-Ticket für 200 DKK. Der City Pass für Kinder unter 12 Jahren kostet 40 bzw. 100 DKK, pro Erwachsenenticket dürfen aber zwei Kinder kostenlos mitfahren. Bitte den City Pass nicht verwechseln mit der teureren Copenhagen Card, die zwar auch für den Nahverkehr gilt, aber zusätzlich Eintritt in allerlei Attraktionen bietet. Sie wird nur online oder bei der Touristeninformation verkauft.

copenhagen-card.de

Der City Pass berechtigt auch schon zur Anreise mit der S-Bahn von den Vororten aus, wenn diese innerhalb der inneren vier Zonen auf der Zonekort liegen. Dort findet man oft kostenlose Parkplätze für Park & Ride, zum Beispiel an den Stationen Klampenborg, Dyssegård, Brøndby Strand oder Friheden. In den Bussen werden nur Einzeltickets verkauft. Sie gelten eine Stunde und kosten für zwei Zonen 24 DKK, zwei Kinder fahren hier ebenfalls kostenlos mit.

dinoffentlige-transport.dk

Die vollautomatische Metro ist an sich eine Sehenswürdigkeit. Sie rauscht im Minutentakt ohne Fahrer durch beleuchtete Tunnel, im sehenswerten Stadtteil Ørestad auch über Land. Für das optimale Fahrerlebnis sollte man vorne sitzen, besonders mit Kindern! Bis 2019 verkehrt die Metro zunächst auf zwei Linien. Die vielen Baustellen in der Innenstadt sind dem Neubau einer weiteren Linie geschuldet. Das Bauamt bemüht sich aber, die grünen Bauzäune mit Kunst und allerlei Informationen erträglich zu gestalten.

Parken im Stadtgebiet

In der Innenstadt gibt es keinen kostenlosen Parkraum. Auch in den Stadtteilen Østerbro, Nørrebro, Vesterbro und Valby benötigt man immer ein Parkticket. Nur am Wochenende, von Samstag 17.00 Uhr bis Montag 7.00 Uhr, ist das Parken manchmal umsonst. Die Parkzonen sind je nach Ticketpreisen rot, blau, grün oder gelb markiert. Die Farbzone erkennt man an den Parksäulen am Straßenrand. Um die Gebühr jederzeit direkt zu zahlen, benötigt man eine Park-App. Münzen einwerfen geht an den Infosäulen leider nicht! Die deutsche EasyPark App funktioniert aber auch in Dänemark. Der Stundenpreis für einen Parkplatz im Zentrum liegt derzeit bei 35 DKK. Parkhäuser bieten etwas günstigere Tagestarife, vor allem in oder unterhalb der Einkaufszentren. Q-Park heißt der Betreiber der meisten Parkflächen, online kann man sich über die Preise informieren. Ein Tagesticket kostet auch hier bis zu 299 DKK, etwa 40 €. Dafür bekommt man fast ein Taxi vom Stadtrand aus!

Parkticket kaufen!

Farbig markierte Parkzonen

EasyPark im App-Store

q-park.dk

Günstiger Parken in Frederiksberg

Parktickets kaufen

Übersicht und Kosten auf

parkopedia.dk

Günstiger ist es in Frederiksberg, denn dort gelten andere Gebühren als in Kopenhagen. Ein Tagesticket für das gesamte Stadtgebiet von Frederiksberg kostet 75 DKK, etwa 10 €. Man bekommt es auch über eine ParkApp oder in verschiedenen Geschäften der Kiosk-Kette 7-eleven. Mehr zu den Verkaufsstellen steht auf den Parksäulen an den Straßen. Zwei Stunden parkt man in vielen Straßen von Frederiksbergs kostenlos und von 24.00 Uhr bis 7.00 Uhr darf man ebenfalls frei parken. Das Ticket muss nicht im Auto liegen, es reicht die Angabe des Kennzeichens beim Ticketkauf. Aber Vorsicht, für private Parkflächen gelten diese Tickets nicht, nur auf öffentlichen Straßen und Plätzen! Auch die Grenze zu Kopenhagen ist nicht markiert. Wenn man unsicher ist, zu welchem Stadtteil die Straße gehört, sollte man besser nachfragen.

Fahrrad fahren

baisikeli.dk

Fahrräder sind das Hauptverkehrsmittel der Stadt. Statistisch gesehen hat jeder Kopenhagener mindestens ein Fahrrad. Dazu zählen auch die vielen Leihräder, die man an jeder Ecke bekommt. Der Fahrradladen Baisikeli direkt am S-Bahnhof Dybbølsbro vermietet die wohl größte Auswahl an Fahrrädern, Cargobikes, Anhängern und Zubehör. Die Verleihstation hat täglich geöffnet. Hier, wie auch in den meisten anderen Fahrradläden mit „Rent a bike“, gibt es verschiedene Tarife. Der günstigste kann ein Rad ohne Beleuchtung und ohne stabiles Schloss sein, daher empfiehlt es sich, zu erfragen, was geboten wird für's Geld. Im Übrigen ist das Mieten eines Fahrrades sehr unkompliziert.

bycyklen.dk

Zahlung per Kreditkarte

Die „offiziellen“ Mietfahrräder in der Stadt heißen Bycyklen. Es sind stabile, weiße E-Bikes mit einem Display für Navigation und allen erforderlichen Infos. Man muss sich einmal registrieren und zahlt per Kreditkarte. Ein Abo kostet 70 DKK im Monat, dafür bekommt man jeweils die erste halbe Stunde umsonst, für jede weitere Stunde zahlt man nur 6 DKK. Für einmalige Touren muss man sich ebenfalls registrieren, zahlt aber nur je angefangener Stunde 25 DKK. Während der Leihdauer wird die Kreditkarte mit einer Kaution belastet (200 DKK), die bei der Rückgabe gutgeschrieben wird. Gerade für längere Touren sind diese Räder praktisch, da man durch den batteriebetriebenen Elektromotor Unterstützung erhält. Darin liegt aber auch der Haken: Die Batterie lädt sich nur an den Bike-Stationen auf, nicht während der Fahrt. Laut

Bycyklen hält eine volle Batterie etwa 20 Kilometer, den aktuellen Ladezustand zeigt das Display an. Das Navi macht auf interessante Stationen am Weg aufmerksam, man kann eine Rundtour programmieren oder ein bestimmtes Ziel auswählen. Für Kinder und zierliche Personen sind die Räder aufgrund ihres Gewichts nicht so ideal.

donkey.bike

♥ Selbstbedienung ist auch das Plus von **Donkey Republic**. Die orangenen Räder stehen an verschiedenen Stellplätzen im ganzen Stadtgebiet. Man registriert sich im Internet und kann ein Rad dann per Handy aktivieren.

Bevor man losradelt, gilt es, die ♥ wichtigsten Regeln zu verinnerlichen: Zur Hauptverkehrszeit morgens und ab halb vier nachmittags sind die Radwege dicht. Zeit für den Touristen, gemütlich abseits vom Getümmel einen Kaffee zu trinken. Wer nicht sehr sicher Rad fährt, sollte die Radwege in der Innenstadt ganz meiden, denn man muss sein Tempo dem Verkehrsfluss anpassen – und die Dänen radeln schnell!

Radfahren auf Dänisch

♥ Vorgeschriebene Handzeichen helfen, Auffahrunfälle zu vermeiden: Arm zeigt nach oben: Ich halte an. Arm nach links bzw. rechts: Ich biege ab. Überholt wird links, darum muss man möglichst weit rechts fahren. An der Ampel stehen Radfahrer entweder vor den Autos auf dem breiten, roten Streifen oder auf der jeweiligen, gekennzeichneten Spur des Radwegs. Vordrängeln ist absolut tabu! Handys, Kopfhörer und Kopfbedeckungen, die das Sichtfeld einengen, sind nicht erlaubt. Kinder transportiert man am sichersten in einem Cargobike, auf dem Fahrradsitz oder im Anhänger. Fußgänger haben auf den Radspuren nichts verloren, bei Verstößen sind die Radfahrer ziemlich intolerant. Und auch sonst darf man die Fahrspuren nicht mit dem stehenden Rad blockieren, also immer schön zur Seite rollen. Bei Dunkelheit ohne Licht zu fahren kann sehr teuer werden, das Bußgeld beläuft sich auf etwa 700 DKK, über die rote Ampel fahren kostet etwa 1.000 DKK. In der S-Bahn gibt es extra Abteile für Fahrräder, außerhalb der Rushhour darf man sein Rad umsonst mitnehmen. In der Metro ist leider zu wenig Platz für Räder, daher ist die Mitnahme hier immer kostenpflichtig.

Öffnungszeiten

Montags haben die meisten Museen geschlossen, sonntags die meisten Geschäfte (bis auf große Shoppingcenter und Touristenshops) und auch einige

Bars und Restaurants. Die Läden in der Innenstadt schließen zwischen 18 und 20 Uhr, nur Supermärkte haben länger (und auch am Sonntag) geöffnet. Museen schließen gegen 17 Uhr, aber es gibt meist einen langen Abend pro Woche, der allerdings nicht bei allen Museen identisch ist.

Die Touristeninformation ♥ VisitCopenhagen an der Vesterbrogade, gegenüber vom Haupteingang des Tivolis, öffnet täglich. Auf großen Schautafeln ist hier jede Attraktion, nach Themen sortiert, aufgeführt, außerdem gibt es Monitore mit Internetzugang. Am Schalter bekommt man auch persönliche Auskünfte, Selfservice hat aber Vorrang. Stadtpläne liegen kostenlos am Eingang. Im Café neben der Touristeninformationen kann man das W-Lan frei nutzen. Der ♥ Tivoli hat nur im Sommerhalbjahr, zu Halloween und um Weihnachten geöffnet. Entscheidet man sich für einen Besuch dieses wunderbaren Ortes, sollte man sich sonst nichts weiter vornehmen, damit man den Park (und den hohen Eintrittspreis) genießen kann. Der Eintritt zum Park ♥ Bakken im Vorort Klampenborg ist kostenlos. Bakken hat zwischen Mai und September täglich geöffnet, in April und Mai nur an den Wochenenden.

Mehr zu Bakken auf Seite 154

Tipps für Familien und Hundebesitzer

Fast alle Museen haben eine kleine Abteilung speziell für Kinder. In Kaufhäusern und vor allem in den Einkaufszentren gibt es kostenlose Wickel- und Stillräume. Die Spielplätze in der Stadt bieten viele Möglichkeiten, sich auszutoben oder auch nur einmal zu verschnaufen. Im Touristenbüro bekommt man einen Plan, ♥ Københavns Kommunes Legepladser, in dem alle Spielplätze mit einem kleinen Bild beschrieben sind. Rauchen ist übrigens auf Spielplätzen, wie in allen öffentlichen Gebäuden und Einrichtungen, verboten.

Spielplätze der Stadt

♥ Hunde gehören an die Leine und sind in Restaurants und Geschäften meist nicht erlaubt. Im Nahverkehr dürfen Hunde kostenlos mit, wenn man sie in eine Tasche setzt, größere Hunde brauchen ein Kinderticket. In der Stadt gibt es auch Freilaufflächen, sogenannte ♥ Hundewälder, zum Beispiel im Søndermarken, in der Østre Anlæg oder im Botanischen Garten.

hundeskovn.dk

Sprache und Währung

In Kopenhagen spricht man ♥ Englisch. Natürlich können die Dänen Dänisch, aber da die Stadt von internationalem Publikum besucht und auch bewohnt wird, ist Englisch im öffentlichen Leben, vor allem in der Gastronomie, fast so etwas wie eine Amtssprache. Es empfiehlt sich also, seine englischen Sprachkenntnisse zu aktivieren und es gar nicht erst mit Deutsch zu versuchen! Gerade in kleinen Bars und in Stadtteilen, wo eher selten Touristen unterwegs sind, wird man sogar freundlicher empfangen, wenn man Englisch statt Deutsch spricht. Englische Sprachkenntnisse

Die Währung ist natürlich Dänische Kronen, Euros werden selten als Zahlungsmittel akzeptiert. Eigentlich nutzt man in Kopenhagen nicht einmal Bargeld, selbst das Bier in der Kneipe oder den Hotdog am Imbiss bezahlen Dänen mit Karte. Die Kassierer haben daher meist den Kartenleser in der Hand, kein dickes Portemonnaie mit Wechselgeld. ♥ Kreditkarten werden an einigen Automaten, zum Beispiel für Fahrkarten, nur mit einem Pin akzeptiert. In Geschäften und Lokalen kann man den Beleg auch unterschreiben. Hotelreservierungen, Übernachtungen bei Airbnb, Citybikes und andere Reservierungen für Stadtrundfahrten oder Fähren sind online meist auch nur mit Kreditkarte möglich. Bargeld bekommt man an allen Bankautomaten mit einer EC-Karte. Auch in den Supermärkten kann man mit EC-Karte oder Kreditkarte zahlen. Die Position ♥ Moms auf der Quittung bezeichnet die enthaltene Steuer. Den Beleg bekommt man nicht immer automatisch. Dänen wollen ihn meistens nicht, darum ist es keine Nachlässigkeit vom Kassierer, wenn man nach der ♥ Kvittering fragen muss. Bargeld wird an allen Kassen selbstverständlich auch akzeptiert. Karten als bevorzugtes Zahlungsmittel Enthaltene Steuer Quittung

Und last, but not least: Kopenhagen ist ein teures Pflaster, sowohl bei den Eintrittspreisen als auch in den meisten Lokalen. Die überfüllten Lokale in der Fußgängerzone sind besonders teuer, lieber sollte man in die Seitenstraßen abbiegen und dort ein Sonnenplätzchen suchen. Im Artikel ♥ Fast umsonst – Kopenhagen für kleine Budgets gibt es Tipps für kostengünstige Alternativen. Mehr ab Seite 148

Die Japanertour – eine Stadtrundfahrt mit dem Bus

Japaner, oder vielleicht asiatische Touristen allgemein, werden in großen Reisebussen direkt vor eine Sehenswürdigkeit gefahren, knipsen ein Selfie neben der Attraktion und eilen zum nächsten Highlight. Das wollen wir natürlich nicht empfehlen, aber es ist das Sinnbild für eine Runde, bei der man in recht kurzer Zeit alle wichtigen, berühmten und überall erwähnten Sehenswürdigkeiten von Kopenhagen zu sehen bekommt.

Hop on, hop off

Offizielle Stadtrundfahrt

Zwei Unternehmen bieten offizielle Stadtrundfahrten mit ♥ Doppeldeckerbussen an. Bei Sonnenschein wird das Dach geöffnet, so hat man freie Sicht auf die Sehenswürdigkeiten am Weg. Allerdings steuern diese Busse auf ihrer Runde auch mehrere Hotels und den Kreuzfahrtterminal an, um Touristen abzuholen.

Das nimmt einen Teil der Strecke in Anspruch, ist aber ziemlich langweilig. Der hohe Ticketpreis ist auch erstaunlich, denn es gibt keinen Stadtführer, nur einen Busfahrer und eine automatische Ansage. Der ♥ Linienbus für den interessanten Teil dieser Strecke kostet nicht mal die Hälfte, selbst wenn man sich ein 24-Stunden-Ticket kauft. Die Aussicht vom Dach eines Doppeldecker-Cabriobusses ist besser als aus einem Linienbus. Aber wenn man hinten auf den erhöhten Sitzen Platz nimmt, kann man auch rausschauen und an den interessanten Sehenswürdigkeiten steigt man eh aus und sieht näher hin. Hop on, hop off! Im Linienbus gibt es auch keine Kopfhörer mit Stadtinformationen, doch diese sind eh schwer zu verstehen, weil sich die verschiedenen Sprachen nicht klar voneinander trennen lassen. Aufgrund des Verkehrsaufkommens passt die Ansage auch nicht immer zur Strecke und es bleibt unklar, welcher Turm nun gerade gemeint war.

Günstige Alternative

♥ Zwei Buslinien bieten sich an für die Runde durch die Innenstadt: Linie 1A in Richtung ♥ Klampenborg und die Linie 26 Richtung ♥ Færgeterminal Søndre Frihavn bzw. ♥ Ålholm Plads in der Gegenrichtung. Die Haltestellen werden angesagt und auf einem Display über dem Fahrer auch angezeigt. Zum Aussteigen muss man vor der Haltestelle Stop drücken, die Busse halten nicht automatisch. Mehr zu den Tickets steht im Artikel ♥ Praktische Informationen.

Buslinie 1A und 26

Mehr ab Seite 112

MIT DEM BUS

Startpunkt und Haltestellen

Unsere „inoffizielle“ Tour beginnt mit dem ♥ Bus 1A an der Station ♥ Glyptotek, Tietgensgade Ecke H. C. Andersen Boulevard, auf der Straßenseite gegenüber vom Tivoli. Hier sieht man gleich zwei Attraktionen: Die großen Fahrgeschäfte des **Tivoli** schauen über die Parkmauern und hinter der Haltestelle steht die **Ny Carlsberg Glyptotek**, eins der schönsten, historischen Kunstmuseen der Stadt. Der Bus 1A fährt alle fünf Minuten ab und hält dann an folgenden Stationen:

Startpunkt Bus 1A

1. Haltestelle ♥ Vindebrogade. Zuvor hat man das **Nationalmuseum** und die **Stormbroen** passiert, eine der Brücken, die zum **Schloss Christiansborg** und dem **Thorvaldsens Museum** führen. Anschließend fährt der Bus einmal um das

Schloss herum und biegt nach links zur **Holmens Kirke** ab, rechts sieht man die markanten, grünen Türme der alten **Børsen**.

2. Haltestelle ♥ Holmens Kirke. Hier schaut man auf die graue Marmorfassade der **Dänischen Nationalbank**, die von Arne Jacobsen entworfen wurde.

Bedeutendster Platz der Stadt

3. Haltestelle ♥ Kongens Nytorv. Es ist der ♥ größte Platz der Stadt und ein Verkehrsknotenpunkt, durch die Metro Baustelle leider etwas unübersichtlich. Man steigt direkt vor dem **Königlichen Theater** aus. Gegenüber steht das Kaufhaus **Magasin du Nord** und weiter rechts auf der gleichen Straßenseite das luxuriöse **Hotel d'Angleterre**. Hinter dem Theater geht es rechts zum **Nyhavn** und zur königlichen Kunstakademie im **Charlottenborg Schloss**. Zwischen Magasin du Nord und dem Hotel d'Angleterre beginnt die Fußgängerzone **Strøget**. Mit einem kleinen Fußweg am Nyhavn entlang erreicht man den Hafen mit dem **neuen Schauspielhaus** und der Fahrradbrücke **Kissing Bridge** hinüber nach Christianshavn.

4. Haltestelle ♥ Dronningens Tværgade. Der Bus hält zwischen dem **Schloss Amalienborg** (rechts) und der mächtigen **Marmorkirken** (links), die offiziell Frederiks Kirke heißt. Am Hafen vor dem Schloss blüht der **Amaliehaven** und auf dem gegenüberliegenden Ufer thront die **neue Königliche Oper**.

5. Haltestelle ♥ Fredericiagade. Hier steht rechts das **Dänische Designmuseum**.

6. Haltestelle ♥ Esplanaden. Das **Kastell** ist eine heute noch vom Militär genutzte Verteidigungsanlage mit einem perfekt sternförmigen Wall. Ein Rundweg führt auf dem Wall außen um das Kastell, man darf aber auch mitten hindurch laufen. Die alte **Garnisonskirche**, fünf **Bastionen** und eine alte **Windmühle** sind malerische Fotomotive. Vor dem Kastell pflügt die ♥ germanische Göttin Gefion auf dem **Gefionbrunnen** die Erde, so wie sie

Entstehungsgeschichte von Seeland

es der Sage nach mit Schweden tat, bis der Pflug ein Stück Land abriss und es in die See schleuderte – das heutige Seeland. So erzählt es zumindest die Sage und die Seeländer dankten Gefion mit diesem imposanten Brunnenbau. Die kleine Kirche nebenan ist die hübsche englische **St. Alban Church**, sie gehört noch heute zur anglikanischen Gemeinde von Kopenhagen. Die Grünfläche dahinter heißt zu Ehren des englischen Politikers **Churchillparken**. Mit einem Spaziergang durch das Kastell erreicht man die **Kleine Meerjungfrau**, der Bus hält aber auch noch einmal näher am kleinsten Wahrzeichen der Stadt.

7. Haltestelle ♥ Østerport. Hier verlässt man den Bus 1A und steigt um in den ♥ Bus 26 Richtung ♥ Færgeterminal Søndre Frihavn.

Umsteigen in den Bus 26

8. Haltestelle ♥ Indiakaj hinter dem Jachthafen. Die **Kleine Meerjungfrau** sitzt auf der anderen Seite vom Jachthafen im Meer. Die Menschenmassen sind nicht zu übersehen! Der Bus 26 fährt vom ♥ Indiakaj auch wieder zurück, aber nun muss man in die **Gegenrichtung** ♥ Ålholm Plads einsteigen. Bei schönem Wetter lohnt sich auch der Spaziergang zurück zum Østerport, man geht um den Kastellwall herum, vorbei am **Denkmal für die Gefallenen des 1. Weltkriegs** und erreicht den Østerport nach 10 - 15 Minuten.

Ein Spaziergang zwischendurch zu Kunst und Krone

Sechs Museen in drei Parks

Am Østerport muss man sich entscheiden: Entweder spaziert man hinter dem Østerport nach links durch die **Østre Anlæg**, einem Park mit alten Festungsgräben, und erreicht nach knapp fünf Minuten die Kunstmuseen **Hirschsprungske Samling** und Statens Museum for Kunst, kurz **SMK**. Beide gehören zu den ♥ Parkmuseen, die sich rund um die benachbarten Gärten **Kongens Have, Botanisk Have** und **Østre Anlæg** verteilen. Die größte Sehenswürdigkeit ist das **Schloss Rosenborg** mit den königlichen Schätzen im Kongens Have. Im Botanisk Have steht das **Geologische Museum**, hinter Kongens Have findet man **Davids Samling** und das **Filmmuseum Cinemateket**. Alles liegt nur wenige Minuten Fußweg auseinander. Der Eintritt in die Parks ist frei, alle Museen kosten Eintritt.

Keine Lust auf Kunst und Grünanlagen? Vom Østerport ist es nur eine Station mit der ♥ S-Bahn zum ♥ Nørreport, wo die gemütliche **Innenstadt** beginnt. Die Frederiksborggade führt vom Nørreport geradewegs zum **Runden Turm**, die parallel verlaufenden Fiolstræde und die Nørregade führen zum **Dom** und zur **alten Universität** im sogenannten Latinerkvarteret.

Auch der Bus 26 fährt vom Østerport zum Kunstmuseum SMK, Station Øster Voldgade. Von dort fährt die Buslinie zurück durch die Stadt, mit Haltestellen am Kongens Nytorv und an der Holmens Kirke. An der Holmens Kirke steigt man aus, wenn man anschließend eine Hafenrundfahrt mit dem Kanalboot unternehmen möchte.

Die Haltestelle Rådhuspladsen oder die nächsten Station Hovedbanegården sind die Endstation für unsere Tour, dort ist man wieder am Ausgangspunkt. Der Bus fährt weiter bis nach **Frederiksberg**. Was es dort zu sehen gäbe, steht im Artikel Kopenhagen allgemein.

Rathausplatz und Hauptbahnhof

Mehr ab Seite 106

Gut zu wissen

Die Rundfahrt mit dem **offiziellen Doppeldeckerbus** kann man an zwölf festgelegten Stationen beginnen. Das Ticket gilt **72 Stunden**, man darf an elf Haltestellen aussteigen und mit einem der folgenden Busse weiterfahren, bis man wieder am Ausgangspunkt ist. An der Kleinen Meerjungfrau hält jeder Bus einige Minuten für ein Foto. Das Ticket gewährt für einige Museen der Stadt einen Rabatt. Mit dem **Kombiticket für Bus und Bootstour** werden beide Touren etwas günstiger.

TIPPS ZU KOPENHAGEN

QR-Code scannen und mehr zu Schlössern, Kirchen und Museen mit Links und weiteren Fotos online lesen. Eine Übersichtskarte mit allen Attraktionen liegt dem Buch bei.

Lage

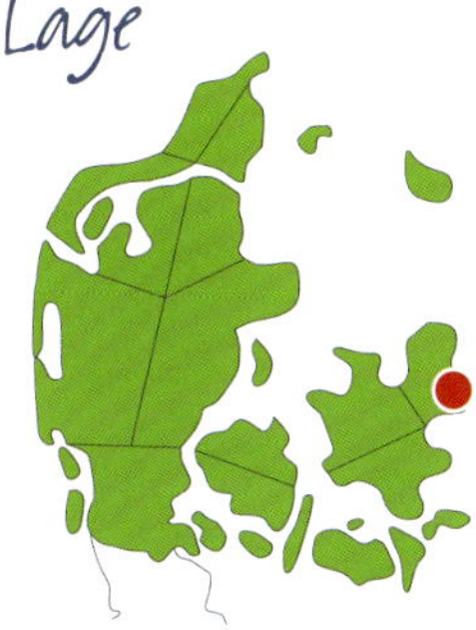

Die Fahrradspur – auf zwei Rädern durch Kopenhagen

Das Hauptverkehrsmittel in Kopenhagen ist und bleibt das Fahrrad. Etwa ein Drittel aller Pendler nutzen das Fahrrad, um damit zur Arbeit zu kommen. In der Freizeit sind es vermutlich noch mehr. Zur sportlichen Ertüchtigung scheint aber das Joggen populärer zu sein, Rennräder sieht man in der Stadt eher selten.

Mit dem Fahrad durch die Stadt

Geführte Fahrradtouren

Leihräder mit Navi

In der Hauptstadt der Radfahrer liegt es nahe, dass eine große Auswahl von Stadtführungen mit dem Fahrrad angeboten werden. ♥ Mikes Bike, ♥ Baja Bikes oder ♥ Copenhagen Bicycles sind nur einige der Anbieter für geführte Fahrradrunden durch die Stadt. Eine andere Möglichkeit sind die Fahrräder von ♥ Bycyklen mit einem Navigationsgerät, in dem eine fertige Stadtführung mit allerlei zusätzlichen Informationen vorprogrammiert ist.

Für unsere ♥ Fahrradtour durch Kopenhagen benötigt man etwa vier Stunden Zeit und keinen Guide oder ein Navigationsgerät, aber einen ♥ Stadtplan zur

Orientierung und natürlich ein Fahrrad. Der Ausflug startet an der ♥ Touristeninformation Ecke **Vesterbrogade** – **Hammerichsgade**, dort bekommt man einen guten, kostenlosen Stadtplan. Die Route führt mitten durch die Stadt und vorbei an den meisten Sehenswürdigkeiten, dabei aber nur selten durch die Fußgängerzonen, in denen man nicht radeln darf. Startpunkt

Räder verleihen viele Geschäfte und Hotels. Besonders praktisch ist der ♥ Fahrradverleih Baisikeli an der Ingerslevsgade, weil es dort die größte Auswahl gibt und man den Laden gut mit öffentlichen Verkehrsmitteln erreicht. Mit der S-Bahn fährt man zur Station Dybbelsbro, sie liegt direkt an der Ingerslevsgade, vom Hauptbahnhof sind es auch nur wenige Minuten zu Fuß zu Baisikeli. baisikeli.dk

Der Weg ♥ von Baisikeli zum Startpunkt führt über die Ingerslevsgade in Richtung Innenstadt. An der Tietgensgade biegt man links ab, überquert die Schienen und fährt links in die Bernstorffsgade. Vom Fahrradverleih zum Startpunkt

Bringt man ♥ sein eigenes Rad mit der Bahn mit nach Kopenhagen, steigt man direkt am Hauptbahnhof aus. Der Haupteingang liegt ebenfalls an der Bernstorffsgade. An der nächsten Kreuzung beginnt die Hammerichsgade und damit unsere Fahrradtour. Anreise mit dem eigenen Rad

Los geht's

Die Strecke beginnt auf der **Hammerichsgade** und der anschließenden **Nørre Voldgade** nach Norden bis zum Ende der Grünanlage Ørstedsparkens. Dort biegt man links ab auf den **Israels Plads** und wirft einen Blick in die ♥ Torvehallerne am Ende des Israels Plads. Über die **Frederiksborggade** geht es zurück auf die Hauptstraße, nun ist man am ♥ Nørreport, dem größten Nahverkehrsknotenpunkt der Stadt mit einem beeindruckend riesigen Fahrradparkplatz! Schönste Markthallen der Stadt

Weiter geht es entlang der **Nørre Voldgade** bis zum ♥ Botanischen Garten (links) und dem ♥ Kongens Have mit der Livgardens Kaserne und ♥ Schloss Rosenborg. Man kann Kongens Have einmal umrunden über die **Sølvgade**, die **Kronprinsessegade** und die **Gothersgade**, dabei sieht man alle sechs ♥ Parkmuseen. Schloss Rosenborg steht mitten in Kongens Have. Um es zu besichtigen, muss man das Rad am Garteneingang abstellen. Die anderen Museen stehen direkt an den Straßen. Kunst und Kronjuwelen

Der Runde Turm

Von der **Gothersgade** geht es hinter dem ♥ Filmmuseum Cinemateket links ab in den **Landemærket** und gerade zu auf den ♥ Runden Turm an der ♥ Trinitatis Kirche in der Altstadt. Nun weiter geradeaus fahren über die **Krystalgade** bis zur ♥ alten Universität, am Ende der Straße geht es links vorbei an der deutschen ♥ St. Petri Kirche zum Kopenhagener Dom, der ♥ Vor Frue Kirke heißt. Direkt hinter dem Dom biegt man links ab zur **Fiolstræde** und dort geht es rechts in die **Skindergade**. Das kurze Stück zwischen Dom und Skindergade muss man wegen des Kopfsteinpflasters und der vielen Restaurants schieben. Im ♥ Restaurant Italiano könnte man einkehren, es ist der älteste Italiener der Stadt. Links davon liegt das ♥ Paludan Bogcafé, in dem man auch gut essen kann.

Leckere Restaurants am Weg

Von der Skindergade geht es am ♥ Café G vorbei in die **Kejsergade** zum **Gråbrødretorv**, einem der gemütlichsten Plätze der Stadt. Hier ist das ganze Jahr über Freiluftsaison und die ♥ Auswahl an Restaurants reicht von Burger über italienische bis zu französischer Feinkost. Man darf auch nur unter der Platane sitzen und die Stimmung genießen.

Hot Dog im Zentrum

Frisch gestärkt ist es nun Zeit für die ♥ Hafenfront. Über die **Niels Hemmingsens Gade** verlässt man den Platz nach rechts und darf bis zum **Amagertorv** mit dem ♥ großen Storchenbrunnen radeln. Dort schiebt man auf der ♥ Strøget nach links bis zum ♥ Café Europa, hinter dem kleinen Pølsevogn geht es dann hinunter über den **Højbro Plads** zu **Ved Stranden**, wo die Kanalboote ihre Hafenrundfahrt starten. Der Radweg führt hinter der Kanalbrücke links vor dem **Christiansborg Slotsplads** entlang, vorbei am ♥ Schloss Christiansborg mit dem dänischen Parlament und der ♥ Børsen mit ihren markanten Drachentürmen. Achtung, hier ist viel Radverkehr! Der Turm von Schloss Christiansborg ist der höchste Turm der Stadt, die ♥ Aussicht von oben ist kostenlos, aber mit Wartezeiten für den Fahrstuhl verbunden. Hinter der Børsen geht es über die **Knippelsbro** nach ♥ Christianshavn weiter. Links vor der Brücke sieht man die ♥ Holmens Kirke und die Fassade der ♥ Dänischen Nationalbank, entworfen von Arne Jacobsen, rechts von der Brücke steht der schwarze Granitwürfel der neuen ♥ Königlichen Bibliothek. Man sieht sie noch besser vom gegenüberliegenden Ufer in Christianshavn.

Kostenlose Aussicht

Stadtteil südlich vom Hafen

Den Sorte Diamant

Die **Torvegade** führt ins Zentrum von Christianshavn. Links gehen die Straßen **Overgaden Neden Vandet** und **Overgaden Oven Vandet** am Kanal entlang. Hier sollte man schieben, um einen Blick auf die bunten Hausboote zu werfen. Zum

Radfahren ist die Straße zwar freigegeben, aber nicht gut geeignet wegen des Kopfsteinpflasters. Zurück an der Torvegade folgt man dem Radweg geradeaus bis hinter den Platz mit der Metrostation, dort biegt man links ab in die **Prinsessegade** und erreicht Christiania. Auf dem Weg passiert man die ♥ Vor Frelser Kirke mit ihrem goldenen Turm, der von seiner außenliegenden Wendeltreppe einen wunderbaren Blick über die ganze Stadt bietet.

Schönster Kirchturm

Einige Meter weiter lädt dann rechter Hand ein Tor zum ♥ Freistaat Christiania ein, die EU zu verlassen. Wenn man einen Blick in dieses bunte Land mit seinen Lokalen, selbstgebauten Häusern und urigen Geschäften werfen möchte, sollte man sein Rad draußen lassen.

Alternatives Wohnviertel

Entlang der **Prinsessegade** und über die **Værftsbroen** geht es weiter Richtung Opernhaus. Zwischen neuen Wohnanlagen und der Architekturabteilung der Universität radelt man die **Danneskjold Samsøes Allé** entlang bis zum **Galionsvej**, dort links abbiegen und über eine kleine Brücke zur ♥ Königlichen Oper fahren. Zurück geht es direkt an der Kaimauer entlang zu den Fahrrad- und Fußgängerbrücken, die zum **Nyhavn** führen.

Zwei wunderbare Fahrradbrücken wurden über den Hafen gebaut, die ♥ Butterfly 3-Way Bridge und die ♥ Inderhavnsbroen. Zwischen beiden Brücken, noch in Christianshavn, liegt die Isländische Botschaft und verschiedene Bars und Cafés für eine Pause. Folgt man der Strandgade weiter in Richtung Christianshavn, bieten sich das entzückende ♥ Christianshavn Færgecafé oder das lauschige ♥ Restaurant Kanalen für ein Smørrebrød an. Anschließend geht es zurück in das Indre By auf der gegenüberliegenden Seite des Hafens.

Klappbrücke und Schubbrücke

Die sonnige Seite des ♥ Nyhavns mit seinen farbigen Häusern liegt hinter der Brücke rechts vom Hafen, die **Nyhavnsbroen** führt hinein ins Getümmel. Auf der linken Hafenseite steht das ♥ Schloss Charlottenborg mit der Dänischen Kunst-

Bunte Hafenfront

Abenddämmerung am Nyhavn

akademie und der Kunstbibliothek, am Ende des Hafens liegt **Kongens Nytorv**. Durch Nyhavn sollte man zu Fuß an den bunten Häusern und Restaurants entlang schlendern. Das neue ♥ Schauspielhaus steht vor dem Nyhavn am Meer, im Sommer ein beliebter Treffpunkt für einen Drink am Wasser.

Die **Nyhavnsbroen**, wo man sein Rad abgestellt haben sollte, mündet in die **Toldbodgade**. Hier geht es an der Rückseite des Schauspielhauses vorbei und weiter in Richtung Schloss Amalienborg.

An der nächsten Kreuzung blitzt noch einmal das Meer auf. Die sehr schöne Freizeitfläche auf der Tiefgarage am **Sankt Annæ Plads** mit Liegestühlen und kleinen Bars ist ideal für eine weitere Pause in der Sonne.

Wohnsitz der königlichen Familie

Auf dem **Larsens Plads** radelt man an der Kaimauer entlang stadtauswärts bis zum ♥ Amaliehavn. Links liegt der **Amalienborg Slotsplads** mit dem königlichen Wohnsitz ♥ Schloss Amalienborg, dahinter thront die gewaltige ♥ Frederiks Kirke. Auf der gegenüberliegenden Hafenseite sieht man noch einmal die Oper und nördlich davon die denkmalgeschützten Bauten auf ♥ Nyholm mit einem alten Lastenkran. Vor Nyholm liegt die königliche Jacht ♥ Dannebrog vor Anker, vorausgesetzt, die Königin ist damit nicht gerade unterwegs auf den Meeren ihres Königreiches.

Sternförmiges Kastell

Folgt man dem Larsen Plads weiter, geht es am Bürogebäude der weltweit größten Reederei, der ♥ Mærsk Line, entlang zur **Nordre Toldbod**. Dort stehen zwei ♥ Pavillons am Ufer, in denen die königliche Familie auf ihren Transport zur Dannebrog warten kann. Hinter der kleinen Hafenbucht beginnt das ♥ Kastell.

Vor dem Kastell gibt es zwei weitere Gelegenheiten für einen ♥ Drink in der Sonne, entweder am Restaurant ♥ Toldbodhus oder vor dem Feinkostgeschäft ♥ Løgismose. Wenn die Mittagszeit noch nicht vorbei ist, bekommt man im Restaurant Lumskebugten an der **Esplanaden** vor den Pavillons auch köstliche Smørrebrød serviert.

Mehr ab Seite 192

Der Radweg zur Kleinen Meerjungfrau führt rechts vom Kastell weiter unter der Brücke hindurch. Zuvor muss man aber den Gefionbrunnen bewundern und eine Münze ins Wasser werfen, damit der nächste Wunsch in Erfüllung geht. Der Radweg führt dann am Langelinie Park und dem gleichnamigen Restaurant vorbei zum Jachthafen. Rechts im Wasser sitzt die berühmte Kleine Meerjungfrau.

Zurück in die Stadt folgt man der **Langelinie** bis hinter die nächste 180 Grad-Kehre, vorbei an einer kleinen Eisbude, dann geht es über die Brücke hinein ins Kastell und über die holprigen Kopfsteinpflastergassen zurück zum **Kongeporten**, dem Haupteingang des Kastells am Churchillparken. Die Kirche neben dem Gefionbrunnen ist übrigens auch englisch, es ist die anglikanische St. Albans Church.

Rechts geht es nun die **Esplanaden** entlang wieder stadteinwärts. Am Ende der Esplanade radelt man auf der **Gernersgade** weiter bis zur Rückseite der schmucken Skt Pauls Kirke.

Die gelben Häuser am Weg gehören zur Siedlung Nyboder, die König Christian IV für Angehörige und Handwerker der Marinebasis bauen ließ. Einige der Häuser sind noch im Originalzustand aus dem 17. Jahrhundert erhalten.

Vor der Kirche geht es dann auf der **Sankt Pauls Gade** bis zur **Rigensgade** und dort nach links zurück zum Kongens Have, der hier aber von einer Mauer umgeben ist. Man fährt an der Parkmauer rechts und steht an der nächsten Kreuzung vor dem Statens Museum for Kunsten, kurz SMK, dem größten Kunstmuseum Dänemarks.

Zurück an den Parkmuseen

Zwischen dem SMK und dem sehr sehenswerten Botanisk Have hindurch geht es nun weiter über die **Sølvgade** zu den Kopenhagener Seen. Wenn man schon genug gesehen hat, fährt man vor dem Botanischen Garten links zurück zum Nørreport und von dort auf der Nørre Voldgade und der Hammerichsgade wieder zum Ausgangspunkt der Tour.

Zurück zum Startpunkt

Die Sølvgade mündet auf die **Fredensbro**, sie trennt die letzten beiden der fünf Seen. Hinter der Brücke führt der Radweg im Bogen unter der Brücke hindurch nach Südwesten. Die Kopenhagener Seen sind ein beliebtes Jogging-

und Erholungsgebiet der Stadtbewohner. Die Laufstrecke führt direkt neben dem Radweg entlang, darum bitte keine Schlenker auf den Fußweg fahren! An vier Seen vorbei radelt man nun durch die grüne Lunge der Stadt, bis es dann am Ende der Seen links auf dem **Gammel Kongevej** und **Ved Vesterport** erneut zurück zum Startpunkt in der Hammerichgade geht.

Das große, gelb-braune Gebäude am letzten Seeufer ist das ♥ Tycho Brahe Planetarium, ein Museum und Erlebniscenter rund um das Weltall.

Gut zu wissen

Ist man am Startpunkt angekommen, führt nur ein kurzer Fußweg zu weiteren Sehenswürdigkeiten: Der Freizeitpark **Tivoli** liegt gegenüber der Touristeninformation, das Rathaus der Stadt links davon. Hinter dem Tivoli und dem Rathaus findet man sowohl die **Ny Carlsberg Glyptotek** als auch das **Nationalmuseum**. Am Rathausplatz beginnt die Fußgängerzone **Strøget**, die zum **Nyhavn** führt, aber nicht mit dem Rad befahren werden darf.

Noch nicht genug gesehen?

Möchte man die Radtour auf den schönen Radwegen der Stadt noch um einige Kilometer verlängern, biegt man an den Kopenhagener Seen auf der ersten Brücke hinter der Fredensbro, der **Dronning Louises Bro,** rechts auf die **Nørrebrogade**. Nach etwas mehr als einem Kilometer beginnt links der ♥ Assistens Kirkegård, ein Friedhof, auf dem unter anderem Hans Christian Andersen beerdigt wurde. Vor dem Friedhof geht es links in den **Kapelvej** und von dort durch ein Tor direkt auf den Friedhof. Ein Radweg führt mitten hindurch und endet am **Jagtvej**. Gegenüber, etwas versetzt nach links, zweigt die **Jægersborggade** vom Jagtvej ab. Diese Straße ist das hippe Zentrum von ♥ Nørrebro mit angesagten Restaurants, Cafés und kleinen Kunsthandwerkerläden. Folgt man dem Jagtvej weiter in Richtung Süden, beginnt am Ende des Friedhofs ein schöner Radweg nach **Frederiksberg**, der zum sogenannten ♥ Grønne Sti gehört. Man kann auch dem Jagtvej/Falkoner Allé folgen, beide Routen treffen am ♥ Frederiksberg Center aufeinander. Im weiteren Verlauf heißt die Straße **Allegade** und dann **Pile Allé**, sie führt bis zum Frederiksberg Runddel mit dem Eingang zum ♥ Frederiksberg Park. In diesem Park darf man

Parkähnlicher Friedhof

Grüner Radweg durch die Stadt

nicht radeln, aber ein Spaziergang lohnt sich allemal. Zurück zur Touristeninformation führen sowohl die breite **Frederiksberg Allé** als auch die **Vesterbrogade** mit recht viel Verkehr, die beide von der Pile Allé abzweigen und sich auf halber Höhe treffen, wo sie sich zur Vesterbrogade vereinen. Das Touristenbüro liegt stadteinwärts auf der linken Seite, gegenüber vom Tivoli. Zurück zum Fahrradladen ♥ Baisikeli geht es wie zu Beginn beschrieben, nur in die Gegenrichtung. Das Baisikeli liegt am **Kødbyen**, dem ehemaligen Fleischgroßmarkt, der heute von angesagten Bars und Restaurants geprägt ist. Hier kann man den Tag gemütlich ausklingen lassen.

Siehe Seite 126

Alternative Route um Christianshavn

Der Radweg ♥ Den Grønne Sti führt auch entlang der alten Festungswälle um ♥ Christianshavn herum. Bevorzugt man diesen schönen Weg am Wasser statt der beschriebenen Route an Christiania vorbei, biegt man hinter der Knippelsbro rechts ab, folgt dem Radweg ♥ Havneringen über den **Asiatisk Plads** am Hafen und biegt an der nächsten Brücke, der **Langebro**, links auf den Grønne Sti. Man umfährt nun die gesamte Wallanlage bis zur Einfahrt nach ♥ Nyholm, der Marinefestung, und biegt dort in den **Fabrikmestervej** ab zur Oper. Weiter geht es wie oben beschrieben ab Opernhaus.

Ausgeschilderte Radtour am Hafen

Eine Radtour am Wasser bietet der ♥ Havneringen. Er umkreist auf 13 Kilometern Länge das gesamte städtische Hafenareal. Es gibt mehrere Zufahrten am Hafen, die alle ausgeschildert sind.

Eine Übersichtskarte zum Mitnehmen mit der kompletten Route durch die Innenstadt und allen Attraktionen liegt dem Buch bei.

Die Wasserspur – Kopenhagen on Board

Bei Sonnenschein ist das Wetter viel zu schade für eine Bustour, also auf zum Hafen, der mitten durch die Stadt plätschert. Die vorgelagerte Insel Amager mit dem Stadtteil Christianshavn bildet einen schmalen Kanal, dadurch wirkt der Hafen wie ein breiter Fluss im Zentrum. Seit Gewerbegebiete und alle großen Schiffe in die Außenbezirke verbannt wurden, ist nicht nur die Luft immer klar und sauber, sondern auch das Wasser.

Fahren oder fahren lassen?

Mehr ab Seite 112

Am bequemsten fährt man natürlich mit einem der offenen ♥ Kanalboote oder kanalbåde, wie die offiziellen Ausflugsschiffe heißen. Während der einstündigen Hafenrundfahrt zeigt sich Kopenhagen von seiner besten Seite. Die Boote gehören zum Angebot der ♥ Hop on, hop off Busse, können aber separat gebucht werden und sind mit maximal 80 DKK nicht nur günstiger, sondern auch viel interessanter als eine Busrundfahrt. Zwei Anbieter teilen sich den Markt,

♥ Netto Bådene und ♥ Strömma. Die blauen Netto Bådene sind etwas günstiger, beide Anbieter fahren aber die gleiche Strecke und auch die Anleger liegen nah beieinander. Die Touren starten das ganze Jahr über und bei jedem Wetter, im Sommer natürlich häufiger als im Winter. In der Hochsaison legt alle 30 Minuten ein Boot ab. Die Fahrten werden von einem ♥ Guide begleitet, der fast immer auch Deutsch spricht, es sei denn, man hat zufällig die italienische oder japanische Runde erwischt. Die freundlichen Ticketverkäufer geben aber Bescheid, wann welche Sprache dran ist.

havnerundfart.dk

stromma.dk

Führungen in allen Sprachen

Die meisten Passagiere steigen am **Nyhavn** ein, wo beide Anbieter einen Steg haben. Etwas ruhiger sind die Abfahrtsstellen **Holmens Kirke** für die Netto Bådene und **Gammel Strand** von Strömma in der Nähe der Christiansborg, die Straße mit den Bootsanlegern heißt **Ved Stranden**.

Mit dem ♥ City Pass darf man ♥ die gelben Wasserbusse des öffentlichen Nahverkehrs beliebig oft nutzen. Sie verbinden beide Hafenufer miteinander und verkehren zwischen dem **Nordre Toldbodhavn** hinter der Kleinen Meerjungfrau und der Insel **Teglholmen** im Süden auf drei verschiedenen Linien. Für eine echte Besichtigungstour ist es vielleicht ein bisschen wenig, empfehlenswert sind die Fähren trotzdem! Fahrräder werden kostenlos mitgenommen, allerdings haben Kinderwagen Vorrang und Radfahrer stehen oft ziemlich viele an, nicht immer passen alle auf das kleine Vorderdeck.

Mehr ab Seite 112

Auch auf eigene Faust oder besser mit einem ♥ eigenen Boot kann man alle Wasserstraßen rund um den Hafen erkunden. Besonders friedlich ist das Wasser auf den Kanälen von Christianshavn und Holmen. Die Motorboote von ♥ Friendships in **Christianshavn** muss man rechtzeitig im Internet vorbestellen. Das Bootshaus findet man direkt an der ♥ Butterfly 3-Way Bridge am Hafen. Eine Landkarte für die Kanäle kann man sich schon vorab auf friendships.dk herunterladen und seine Tour zuhause planen.

Eigenes Boot mieten

friendships.dk

Fußgänger- und Fahrradbrücke

goboat.dk

Besonders umweltfreundlich ist das Angebot von ♥ GoBoat in **Islands Brygge**, einer Freizeitanlage im Norden von **Christianshavn** hinter der **Langebro**. Die Kunststoffboote sind aus ♥ recyceltem Kunststoff gegossen und werden mit einem Elektromotor angetrieben. Die Batterien für den Motor laden Sonnenkollektoren auf dem Dach des Bootshauses wieder auf. Eine Vorbestellung ist auch hier empfehlenswert und bis zu 24 Stunden vor Abfahrt möglich. Beide Bootstypen bieten Platz für ♥ acht Personen.

Platz für einen Familienausflug

kayakrepublic.dk

Noch weniger fossile Energie benötigt ein ♥ Kajak, hier ist nur Muskelkraft gefragt. Natürlich darf man sein eigenes Kajak zu Wasser lassen, es gibt aber auch einen Kajakverleih im Zentrum, die ♥ Kayak Republic. Sie hat einen gemütlichen Anleger mit einer offenen Bar und einer finnischen Sauna unterhalb der **Knippelsbro** am **Børskaj**. Das sportliche Team vermietet Kajaks und bietet auch ♥ geführte Paddeltouren mit einem stadtkundigen Guide an. Laut Anbieter können die Touren auch ohne Vorkenntnisse im Paddeln gebucht werden, dafür darf man anschließend die verspannten Schultern in der Sauna auf dem Bootsanleger besänftigen. Die ♥ Kayak Bar hat einen schwimmenden Steg mit Liegestühlen, ganzjährig, versteht sich, und auch die Livekonzerte in der Bar finden das ganze Jahr über statt. Ein cooler Ort, vergleichbar mit einem Surfspot an der See.

Radweg rund um den Hafen

Auch auf dem Trockenen lässt sich eine Hafenrunde drehen. Der ♥ Fahrrad- und Wanderweg Havneringen ist 13 Kilometer lang, zwei Teilstrecken von sieben bzw. knapp vier Kilometer treffen sich an der Fahrradbrücke **Bryggebroen** zwischen dem Einkaufszentrum Fisketorvet und Islands Brygge. Der Fisketorvet ist nicht weit von der Fahrradvermietung **Baisikeli** entfernt. Das ♥ Faltblatt zum Havneringen beschreibt auf Dänisch und Englisch die wichtigsten Sehenswürdigkeiten und die Anleger für die Wasserbusse entlang der Strecke.

visitcopenhagen.dk/da/havneringen

Hausboot Christianshavn

Seenkette um die Innenstadt

Die ❤ Kopenhagener Seen gehören nicht zum Hafen. Es sind die Überreste eines Flussbogens, den man im 16. und 17. Jahrhundert, damals noch vor den Toren der Stadt, anlegte, um eine Wassermühle anzutreiben und die Wasserversorgung der Bürger zu sichern. Gleichzeitig stellten sie einen weiteren Verteidigungsgraben gegen Eindringlinge dar. In den 70er Jahren des letzten Jahrhunderts, als die Stadtgrenze schon lange über die Seen hinausgewachsen war, hat man sie im Zuge des Stadtentwicklungsplans ❤ Fingerplanen zu einem Naherholungsgebiet umgestaltet. Die Seen trennen die Innenstadt von den Wohnbezirken **Vesterbro**, **Nørrebro** und **Østerbro**. Auf dem ❤ Peblingesø, an dessen Ufer auch der schöne Søpavillon vom Architekten Vilhem Dahlrup liegt, kreuzen nicht nur viele kleine Schwäne, sondern auch ein paar riesengroße. Es sind ❤ Tretboote, die am Bootssteg des **Kaffesalonen** vermietet werden.

Mehr ab Seite 92

Selber schwimmen macht frisch

Baden im Hafenbecken

Bei hochsommerlicher Hitze bekommt man nach so viel Rundreisen vielleicht Lust auf ein erfrischendes Bad. Dafür bieten sich in Kopenhagen drei ❤ wunderbare Hafenbäder an, umsonst und draußen. Das bekannteste und erste seiner Art ist das ❤ Havnebadet Islands Brygge. Das Bad besteht aus einer Holzkonstruktion mit Stegen und Sprungturm, die in den Hafen hinein-

ragt. Stege zum Sonnenbaden, ein Planschbecken und sogar eine Sauna gehören zum Angebot. Im Sommer gibt es eine Badeaufsicht und natürlich sind alle Becken mit frischem Hafenwasser gefüllt. Auch am **Fisketorvet** hinter dem Einkaufszentrum können die Kopenhagener in einem Hafenbecken ihre Bahnen ziehen, das Bad nennt sich ganz selbstbewusst ♥ Copencabana. Das neuste Bad dieser Art liegt etwas außerhalb am **Sydhavnen**, es heißt ♥ Sluseholmen. In der Wintersaison sind die Bäder nur für Mitglieder geöffnet.

Im Meer schwimmen oder durch die Wellen laufen kann man am ♥ Amager Strand. Diese mehrere Kilometer lange Strand- und Sportpromenade mit kleinen, künstlichen Dünen, Sand und vielen Spielplätzen hat sogar einen kleinen Hundestrand. Das hübsche ♥ Kastrup Strandbad liegt gleich nebenan. Vor den breiten Liegewiesen steht ein besonderer Badesteg im Meer, der wie eine überdimensionale Holzmuschel aussieht.

Mein Tipp

Natürlichen **Sandstrand** findet man erst in **Klampenborg**, nördlich von Kopenhagen. Dafür ist diese Strandpromenade mit Rettungsturm und Umkleidekabinen von keinem geringeren als **Arne Jacobsen** designed. Ebenfalls auf einen Entwurf von Arne Jacobsen geht das kleine **Hafenbad** im Dorf **Dragør** am östlichsten Zipfel von Amager zurück. Feinen Sandstrand gibt es auch in **Ishøj** vor dem Kunstmuseum Arken.

TIPPS ZU NORDSEELAND

QR-Code scannen und mehr über die schönen Badeorte und Strände in Nordseeland lesen, wo die Kopenhagener ihren Sommerurlaub verbringen.

Lage

Familienausflug – ein Tag mit Kindern in Kopenhagen

Kinder gehören wie in kaum einer anderen Metropole zum Stadtbild von Kopenhagen dazu. Sie liegen gemütlich im Gepäckraum der Christiania Bikes, schlummern in altmodischen Kinderwagen, toben durch die Spielplätze der öffentlichen Parks oder durch die Kinderabteilung im Museum. Wickelräume und Spielzimmer sind überall selbstverständlich und einen Kinderstuhl sucht man in keinem Café vergeblich.

Durch eine geschickte Kombination der Ziele lässt sich auch mit jüngeren Kindern erst die berühmte Altstadt und anschließend eine tolle Attraktion für Kinder erleben. Sogar ein Ausflug ins Grüne, wie ihn Familien aus Kopenhagen machen würden, zeigt interessante Facetten der Stadt – zudem ist er fast umsonst! Jedes Museum hat eine eigene Kinderabteilung mit Verkleidekisten und vielen Spielangeboten. Das Nationalmuseum unterhält sogar eine eigene Ausstellung mit pädagogischer Betreuung, nur für Kinder. Wir haben einige Vorschläge für einen Tag in Kopenhagen zusammengestellt, an dem sowohl Kinder als auch Eltern etwas zu sehen bekommen.

Ausflugsziele zwischen Himmel und Erde

Tiere sind immer spannend! Welches Kind steht nicht staunend vor dem Löwengehege oder beobachtet fasziniert große Rochen oder kleine Clownfische, die als „Nemo" weltberühmt wurden. Mit etwas größeren Kindern lohnt sich auch ein Ausflug in die Weiten des Weltalls, wie ihn das Planetarium verspricht.

Den Tag sollte man aber mit einem Ereignis beginnen, dass es nur in wenigen Städten der Welt gibt: Ein ♥ Spaziergang mit der königlichen Leibgarde zum Wachwechsel am **Schloss Amalienborg**. Die Leibgarde mit ihren schmucken Uniformen und den markanten Bärenfellmützen startet jeden Tag gegen 11.30 Uhr an der **Livgardens Kaserne** neben dem **Schloss Rosenborg** und marschiert auf wechselnden Routen quer durch die Stadt zum Schloss Amalienborg, in dem die königliche Familie wohnt.

Wachwechsel der königlichen Leibgarde

Die ♥ exakte Uhrzeit hängt vom Aufenthaltsort der königlichen Familie ab. Ist Königin Margrethe zuhause im Schloss, geht es um 11.27 Uhr los mit der prächtigsten Ausstattung, denn nur für die Königin persönlich wird auch ein flatternder ♥ Dannebrog mitgeführt. Sind nur die Familienangehörigen zuhause, Prinz Frederik und Prinz Joachim oder die Schwester der Königin Prinzessin Benedikte, beginnt der Rundgang um 11.30 Uhr. Ist die ganze Familie außer Haus, wird das Schloss trotzdem bewacht, die Runde der Gardisten beginnt aber erst um 11.32 Uhr. Je später der Umzug startet, um so kleiner ist die Truppe und umso niedriger der Rang des leitenden Gardisten. Für den Umzug selbst ist das aber nicht so wichtig. Es gibt immer musikalische Begleitung und das Ziel ist immer Amalienborg. Die Runde dauert etwa 30 Minuten und ist mit Kindern im Schulalter gut zu schaffen. Da in der Innenstadt an jeder Ecke eine andere Sehenswürdigkeit steht, kann man auch gut mittendrin abbrechen, um sich etwas anzuschauen oder um auf einem der Spielplätze kurz auszuruhen.

Jeden Mittag gegen halb 12

Dänische Flagge Dannebrog

Startpunkt für die Ausflüge

Nach dem Wachwechsel am Schloss Amalienborg geht es über den **Larsens Plads** am Hafen entlang zurück in die Innenstadt. Am **Kongens Nytorv** ist die nächste ♥ Metrostation. Ein Blick auf den bunten **Nyhavn** oder auch in die Metrobaustelle sollte man sich nicht entgehen lassen, der Bauzaun ist an einigen Stellen für neugierige Blicke geöffnet, damit man den Fortschritt der Bauarbeiten beobachten kann. Am Nyhavn wäre auch Gelegenheit für ein leckeres Eis, einen Hot Dog oder eine frisch zubereitete Limonade von einem der Straßenstände.

U-Bahn mit Aussicht

Die ♥ Fahrt mit der Metro ist für alle ein Erlebnis. Die vollautomatischen Wagen fahren im Minutentakt. Da es keinen Fahrer gibt, ist vorn am ersten Wagen eine große Glasfront. Hier ist der beste Platz. Mit dem aufgeklebten Schaltpult kann man die Metro steuern – oder zumindest so tun, als ob. Die Tunnel sind hell beleuchtet und stadtauswärts fährt man oberirdisch, so dass es immer was zu sehen gibt. Vier verschiedene, große Attraktionen für Kinder bietet Kopenhagen derzeit: das Aquarium **Den Blå Planet**, den **Zoo Kopenhagen** oder das **Tycho Brahe Planetarium**. Auch das **Experimentarium** in Hellerup, nördlich vom Stadtteil Østerbro, ist ein lohnenswertes Ausflugsziel.

Unser blauer Planet

Wunderbare Unterwasserwelt

Den Blå Planet, der blaue Planet, heißt Dänemarks ♥ größtes Aquarium. Es wurde 2013 neu eröffnet in einem ♥ wunderschönen Neubau direkt an der Küste von **Amager**, nicht weit vom Flughafen Kopenhagen entfernt. Verkehrstechnisch ist die Lage perfekt. Zum Aquarium gehört ein recht günstiger Parkplatz und die ♥ Metrostation Kastrup ist nur etwa 500 Meter entfernt. Im Blå Planet leben etwa 20.000 Tiere, verteilt auf 53 Wasserbecken. Auch das Außengelände direkt am Meer ist ein Erlebnis mit einem Wasserspielplatz, Klettergerüsten und einem See mit possierlichen Fischottern. Täglich werden verschie-

Anreise mit der Metro

Krabbenfischen am Blå Planet

dene Aktivitäten zum Mitmachen oder Zuschauen angeboten. Die interessante Architektur des Gebäudes erinnert an ein Schaufelrad. Durch die vielen Nischen wirkt die Fläche noch größer, hinter jeder Ecke wartet ein neues Abenteuer auf die kleinen und großen Besucher. Stundenlang könnte man ♥ unter dem Glastunnel sitzen und beobachten, wie große Rochen und kleine Haie über der Kuppel ihre Runden drehen.

Mitten im Meer

Noch mehr blaues Wasser wartet dann am ♥ Amager Strand. Das **Kastrup Strandbad** und der **Amager Strandpark** liegen etwa einen Kilometer nördlich vom Blå Planet. Parkplätze stehen am Jachthafen Kastrup zur Verfügung. Direkt im Anschluss an die Segeljachten beginnt ein breiter Sandstrand, mit großen Liegewiesen, ♥ Spielgeräten und einem kleinen Kiosk. Kastrup Strand geht über in den künstlich angelegten Amager Strandpark. Auf einer vorgelagerten Insel wurden gut zwei Kilometer Strand aufgeschüttet. Mit seinen vielen Spiel- und Sportangeboten und fünf Strandstationen mit Gastronomie und Toiletten gehört der Strandpark zu einem der ♥ beliebtesten Ausflugsziele, nicht nur im Sommer. Ist man gut zu Fuß, lohnt es sich, einmal durch den Park bis zum Øresundstien am nördlichen Ende zu laufen. Über die Brücke kehrt man dann zurück zur ♥ Metrostation Øresund.

Längster Strand in Kopenhagen

Tobewiese mit Spielgeräten

An der Strandstation 3 kann man ♥ Segway-Touren buchen. Das Mindestalter für alleinfahrende Kinder ist 10 Jahre, in Begleitung der Eltern darf man ab 8 Jahren selber steuern. Die gut befestigten Wege im Strandpark sind insgesamt vier Kilometer lang und eignen sich auch zum Roller oder Inliner fahren. Die Strandstation 4 betreibt einen ♥ Minigolf- und einen Fußballgolfplatz, im Sommer werden hier ♥ Blokarts vermietet.

Segwayfahren für Groß und Klein

Die beiden Badeanstalten an der Strandpromenade sind nur im Sommer geöffnet. Sie kosten Eintritt, sind aber auch besonders schön. Das Bad ♥ Helgoland

Klassisches Seebad

Badeanstalt nördlich vom Øresundstien ist ein klassisches Seebad mit leuchtend türkisen Holzhütten und vielen Liegestühlen, das ♥ Kastrup Søbad ganz im Süden beeindruckt mit einer ungewöhnlichen Holzkonstruktion. Man sollte schwimmen können, denn die Anlagen stehen auf Stelzen im Meer. Am Strand, wo es schön flach ist, dürfen auch Nichtschwimmer planschen, kostenlos und ganzjährig. Vom Strand aus kann man das ganze Jahr über baden, sofern die Wassertemperaturen erträglich sind.

Okapi, Tiger und ein Designerhaus für Elefanten

Eine andere Metro-Linie fährt vom **Kongens Nytorv** aus zur Station **Fasanvej** in die Nähe des Kopenhagener Zoos.

Der **Zoo Kopenhagen** wurde bereits 1859 gegründet und liegt in Frederiksberg, was eigentlich nicht Kopenhagen ist, sondern eine eigene Kommune innerhalb der Großstadt von Kopenhagen. Der ältere Teil des Zoos wurde im **Frederiksberg Park** gegründet. Er ist durch einen Tunnel unter dem Roskildevej verbunden mit dem später gebauten Areal im Park Søndermarken.

Immer wieder gibt es in den Medien einigen Rummel um den Zoo, weil er recht offen mit den Problemen seiner Population umgeht und auch die Schattenseiten des Alltags im Zoo nicht versteckt. In einer öffentlichen Fütterung, die 2014 live übertragen wurde, ließ der Zoodirektor eine Giraffe zu Löwenfutter verarbeiten

und an die Raubkatzen verteilen. Auch die Entscheidung, vier Löwen zu töten, weil nur ein Rudelführer in einer Löwengruppe überleben kann und kein anderer Zoo die Männchen haben wollte, zeigt wohl eher, dass das Prinzip Zoo weltweit nicht unbedingt zu den natürlichen Lebensumständen seiner Bewohner passt. Dennoch ist ein Zoo auch in Dänemark die einzige Möglichkeit, wilde und teilweise vom Aussterben bedrohte Tierarten zu beobachten und vielleicht für ihren Schutz einzutreten.

Der Kopenhagener Zoo ist ein sogenannter ♥ Geozoo, der die Verteilung der Gehege nach den Herkunftsländern gestaltet. So gibt es ein großes Areal mit nordischen Tierarten wie Bären, Rentieren und Wölfen, ein australisches Gehege und auch eine Savanne mit Zebras, Antilopen und Nilpferden. Nur die Elefanten wohnen in einem separaten Neubau. Das ♥ Elefantenhaus wurde vom Architekturbüro Norman Foster entworfen und 2008 eröffnet. Durch sein begehbares, halbrundes Glasdach fällt auch in die Innenbereiche Tageslicht.

Elefantenhaus vom Stararchitekten

Der ♥ Aussichtsturm wurde bereits 100 Jahre früher errichtet. Seine Konstruktion erinnert an den Eiffelturm, nur, dass dieser hier aus Holz konstruiert wurde und damit zu den höchsten Holztürmen seiner Zeit zählte. Man hat einen herrlichen Blick über die Stadt, was die Lage auf einem Hügel noch unterstützt. Ein Streichelzoo, mehrere schöne Spielplätze und Vorführungen machen den Besuch zu einem erlebnisreichen Tag.

Hunde dürfen mit in den Zoo, an der Leine natürlich. Im Park **Søndermarken** gibt es eine große ♥ Freilauffläche für Hunde, dort können sich Hunde und auch Kinder später auf den Wiesen austoben. Außerdem gibt es hier einen Spielplatz mit allerlei Fitnessgeräten.

Am Zaun zum Frederiksberg Park und auch zum Park Søndermarken ist ein Teil offen gestaltet, so dass man ♥ einen Blick in den Zoo werfen kann, ohne Eintritt zu zahlen.

Kostenlos Tiere beobachten

Ein Blick in die Ferne, die Zukunft und die Welt von heute

Hat man für den Zoo wenig übrig oder will auch seinen älteren Kindern etwas Spannendes zeigen, fährt man zum **Tycho Brahe Planetarium** an der ♥ S-Bahnstation Vesterport. Am Ufer der Kopenhagener Seen wurde ein ♥ Planetarium mit einem großen Kinosaal erbaut, realisiert durch eine großzügige Spende von Bodil und Helge Pedersen.

Raumfahrt und Planetenkunde

Der dänische ♥ Astronom Tycho Brahe lebte im 16. Jahrhundert und beobachtete 1572 eine Supernova, was ihm in der ganzen Welt Beachtung schenkte. Im Planetarium sind historische und moderne astronomische Geräte ausgestellt. Videospiele und Animationen erklären die Weiten der Galaxien. Zu einem Besuch gehört immer eine ♥ Filmvorführung in 3D. Das Programm liegt im Planetarium aus und ist auch im Internet einzusehen. Die Filme werden über Kopfhörer synchronisiert angeboten, allerdings nur auf Englisch.

3 D Kinofilme

Das **Experimentarium** in Hellerup erreicht man mit dem Bus 1A oder 21, Station Tuborg Boulevard. Es ist ein wissenschaftliches Erlebnis- und Erforschungszentrum für Klein und Groß. Der menschliche Körper, physikalische Phänomene, Mechanik, Philosophie – hier kann man alles ausprobieren, denn der Name sagt bereits, worum es geht: experimentieren mit den Elementen. Vormittags sind hier viele Schulklassen unterwegs, es empfiehlt sich, nachmittags zu kommen.

dieselhouse.dk

Ein ♥ Museum für Maschinisten und Motorenfreunde ist das **Diesel House**. Nichts für kleine Kinder, aber bestimmt ein tolles Erlebnis für Väter und Söhne! Auf Teglholmen im Sydhavn steht einer der größten Dieselmotoren des 20. Jahrhunderts, früher Hilfsmotor für die Stromerzeugung, heute ein Museumsstück, das an manchen Tagen fürs Publikum angeworfen wird.

Sehenswert: Spielplätze in Kopenhagen

Tolle Spielplätze für jedes Alter

Zum Abschluss des Tages bieten sich einige der vielen Spielflächen in der Stadt an. Im **Fælledparken**, dem größten Stadtpark von Kopenhagen im Stadtteil **Østerbro**, gibt es verschiedene ♥ Spielflächen. Auf dem **Tårnlegeplads** sind berühmte Türme der Stadt als ♥ Kletterburgen nachgebaut, im **Sansehave** gibt es ein Kletterlabyrinth und einen Duftgarten. Der **Soppesøen** ist ein ♥ Wasserspielplatz für die Kleinsten und größere Kinder sollten ihr Skateboard oder ihren Roller mitbringen für den ♥ Skaterparken.

Ein ♥ Spielplatz in ungewöhnlicher Lage wurde kürzlich in **Nordhavn** auf dem Dach eines Parkhauses eröffnet. In 24 Metern Höhe, sicher umzäunt, kann man auf dem **Konditaget Lüders** hüpfen, schaukeln oder klettern. Auch für die täglichen Fitnessübungen gibt es die passenden Geräte. Von der ♥ S-Bahnstation Nordhavn sind es etwa 5 Minuten Fußweg zu diesem ungewöhnlichen Parkhaus direkt am Meer. Das ♥ Experimentarium liegt ganz in der Nähe, man kann beides gut kombinieren.

Klettern auf dem Dach

Auf einem Hinterhof in **Vesterbro**, verborgen hinter einer mächtigen Backsteinfassade, liegt der Spielplatz **Skydebanehaven**. Hier findet man Spielmöglichkeiten für jedes Alter, im Sommer öffnet ein kleiner Imbiss und auf den Picknickbänken kann man die Sonne genießen. Der Zugang von der Istedgade führt durch ein mächtiges Hoftor, von der offiziellen Adresse an der Absalonsgade führt der Weg vor dem ersten Wohnblock auf den Spielplatz im Hinterhof. Vom Planetarium bzw. der S-Bahnstation Vesterbro ist es auch zu Fuß nicht weit.

Zwischen Vesterbro und dem **Sydhavnen** liegt **Børnenes Dyremark**, ein ♥ Bauernhof für Stadtkinder. Hier kann man Schafe oder Ziegen streicheln, Kaninchen füttern oder auch eine Runde auf den Ponys reiten. Der Bauernhof gehört zum ♥ Kulturhaus Karens Minde, wo man anschließend im Café einkehren und zu familienfreundlichen Preisen essen kann.

Spielen mit Tieren

karensmindekulturhus.kk.dk

Wir haben Hunger, Hunger, Hunger ...

Hot Dog und Softeis sind lecker und es gibt sie überall. Etwas nahrhafter sind die Angebote der allgegenwärtigen ♥ Shawarma Grills, arabische Imbissbuden mit Falafel, vielen Salaten und natürlich mit Shawarma, dem arabischen Wort für ein süßlich gewürztes Döner Kebab.

Lecker und gesünder als Pølser

In allen Supermärkten der Stadt bekommt man im Kühlregal fertig zubereitete ♥ Sandwiches und Salate, besonders in den zahlreichen Filialen der gehobenen Supermarktkette ♥ Irma. Wenn man Essen gehen möchte, bieten sich Restaurants mit einem Buffet an. Man bezahlt einmal, für Kinder meist erst ab einem bestimmten Alter, und kann sich so viel nehmen wie man möchte und vor allem was man mag. Im **Restaurant Ankara** in der Vesterbrogade und in der Altstadt an der Krystalgade bekommt man viel Essen für's Geld, ebenso im **Café Riz Raz** an der Kompagnistræde und in der Store Kannikestræde.

Im **Ørstedsparken** gibt es ein hübsches Café direkt an einem Spielplatz, umgeben von schattigem Grün. Die Markthallen **Torvehallerne** bieten ebenfalls eine große Auswahl leckerer Speisen, die Kindern schmecken. Auf dem **Israels Plads** können sie nebenbei die Füße in den Brunnen hängen oder Fußball spielen, zum Spielplatz im Ørstedsparken sind es auch nur ein paar Meter.

Raus in die Natur

Naturerlebnis am Stadtrand

Man fährt wohl nicht unbedingt nach Kopenhagen, um ein ♥ Naturcenter auf einer Wiese zu besuchen. Dennoch ist das **Amager Naturcenter** ein so schöner Ort, dass er hier erwähnt werden soll. Amager ist eine ziemlich große Insel, fast so groß wie das gesamte Kopenhagener Stadtgebiet auf Seeland. Nur etwa die Hälfte der Insel ist inzwischen bebaut, der unbebaute Südwesten ist ein großes Naherholungsgebiet mit Radwegen, Wiesen und Wäldern. Mit der Metrolinie M1

Moderne Architektur am Weg

fährt man Richtung Vestamager, vorbei an den ♥ hochmodernen Neubauten des DR Byen, des Hotels Bella Sky und den Büro- und Wohngebäuden rund um das größte Shoppingcenter der Stadt, dem Field's. Eine Fahrt mit dieser U-Bahnlinie erinnert an eine Reise durch einen Science-Fiction-Film. Fahrerlos rauscht der Wagen im Minutentakt auf einer Hochbahnstrecke durch diese fast surreale Bebauung auf der flachen Insel.

Ein Blick in die ♥ Shoppingmall Field's an der Station **Ørestad** lohnt sich, allein wegen der Größe. Die Weite der Gänge und die Konstruktion mit vielen Glasfronten für Tageslicht sind wirklich beeindruckend, sogar ein Autohaus passt hinein. In der oberen Etage gibt es viele Restaurants mit kinderfreundlichem Essen, ein ♥ Spielzimmer und ein ♥ Baby- und Stillzimmer.

Extra Kinderzimmer

Das eigentliche Ziel der Reise ist aber die Endstation **Vestamager**. Links der Endstation führt ein Radweg weiter zum Stadtrand, rechts geht es durch das Wohngebiet stadtauswärts, vorbei am preisgekrönten ♥ Wohnkomplex 8TALLET.

Die Stadt endet an einem Graben, dahinter erstreckt sich bis zum Horizont flaches, grünes Land. Über eine kleine Brücke und durch eine Pforte im Zaun (wegen der frei grasenden Schafe und des Wildbestands) betritt man die Wiesen von Vestamager. Ein großes Holzschiff zieht die Blicke auf sich, es ist ein ♥ Spielschiff aus Holz und dicken Steinen und gehört zum **Naturspielplatz Himmelhøj**. Dahinter führt ein Weg ins Grüne zum Amager Naturcenter. Es hat von 10 - 15 oder 17 Uhr geöffnet, je nach Jahreszeit. Man kann sich hier günstig ♥ Fahrräder mieten und in die Weite radeln, für Kinder ist das völlig ungefährlich, denn Autos fahren auf den Feldwegen nicht mehr. Wer mag, bekommt ♥ kostenloses Brennholz für ein Picknick an der nächsten Feuerstelle. Gemütlich ist auch eine ♥ Planwagentour, die man allerdings vorbestellen muss.

Radtour ins Grüne

Lagerfeuer im Wald

In den Ferien bieten die Pädagogen ♥ Mitmachaktionen wie Schnitzen, Gerben, Apfelsaftpressen oder Kochen an. Ein Insektenwald und viele Infotafeln erzählen vom Leben in der Natur. Das ♥ Restaurant Traktorstædet ist täglich außer montags geöffnet, freitags gibt es bis 21 Uhr Abendessen mit Musik. Am **Amager Strandpark**, der oben beschrieben wurde, hat das Naturcenter auch eine kleine Station. Im Sommer gibt es dort für Familien Erlebnisabende am Wasser.

Fast umsonst – Kopenhagen für kleine Budgets

Im Ranking der höchsten Lebenshaltungskosten belegt Kopenhagen regelmäßig einen Spitzenplatz. Im Ranking der teuersten Orte für Touristen liegt Kopenhagen sogar auf Rang zwei hinter Oslo. Wer also etwas für die Wirtschaft tun möchte und gern Geld ausgibt, ist in Kopenhagen goldrichtig!

Doch es geht auch anders. Selbst für ein kleines Budget zeigt sich diese Stadt von der besten Seite. Viele berühmte Sehenswürdigkeiten der Stadt stehen im Freien und kosten keinen Eintritt. Die Sport-, Spiel- und Kulturangebote für Bürger der Stadt stehen auch Besuchern offen und selbst in der Innenstadt gibt es günstige, gute Restaurants, Imbissbuden und versteckte Kioske. Wenn man zu Fuß geht, was in dieser recht überschaubaren Stadt kein Problem ist, muss man nur die ♥ Anreise und eventuell einen ♥ Parkplatz finanzieren.

Mehr ab Seite 112

Königlich und sagenhaft

Am besten eignet sich der innerstädtische Hafen als Startpunkt für einen Stadtspaziergang, da die meisten Sehenswürdigkeiten von hier aus in nur wenigen Gehminuten erreichbar sind. Wir beginnen mit dem kleinsten, aber vielleicht auch ♥ berühmtesten Wahrzeichen von Kopenhagen: Der Skulptur der **Kleinen Meerjungfrau** von Edvard Eriksen, entworfen nach einem Märchen des Dichters Hans Christian Andersen. Die kleine Figur sitzt auf einem Stein am Hafen vor dem Kastell und wer nicht nach ihr sucht, könnte sie glatt übersehen. Sie ist nur etwa 1,25 Meter hoch. Mehrere Hinweisschilder, mobile Souvenirshops und Scharen von fotografierenden Touristen weisen aber den Weg. Anschauen und fotografieren ist umsonst, anfassen streng verboten. Damit sich alle daran halten, wurde ihr Sitzplatz vor einigen Jahren ins Wasser verlegt.

Die Meerjungfrau ist ein Pflichtprogramm, viel imposanter und vielleicht ein bisschen schöner ist aber der **Gefionbrunnen** einige Meter davor. Er ist das größte Denkmal der Stadt und zugleich ein Wunschbrunnen. Gefion heißt die germanische ♥ Göttin des Glücks und der Familie. Der Sage nach hat sie mit ihrem Pflug die Insel Seeland aus der Landmasse Schwedens herausgepflügt. Ob es unter diesem Aspekt ein Zufall ist, dass die Dänen immer wieder zu den glücklichsten Bürgern der Welt gekürt werden? Die glänzenden Münzen in den mehrstufigen Wasserbecken deuten darauf hin, dass auch die Besucher an die Macht dieses imposanten Brunnens und seiner Göttin glauben.

Denkmal für die Glücksgöttin

Wer möchte, kann nebenan um christlichen Segen bitten in der einzigen anglikanischen Kirche in Dänemark **St. Alban' Church**. Die sehr hilfsbereiten Aufseher verteilen im Sommer Informationen zur Kirchengeschichte und laden ein, den hübschen Innenraum zu besichtigen. Nebenan führt eine Brücke ins **Kastell**. Die ♥ sternförmige Festung aus dem 17. Jahrhundert wird noch heute vom dänischen Militär genutzt. Man kann sie auf dem Wall umrunden oder innen durch die hübschen Gassen schlendern. Ungewöhnlich schlicht ist die rechteckige Kirche **Kastelskirken** mit dem fein säuberlich geharkten Exerzierplatz davor. Der **Langeliniekaj** hinter dem Kastell ist der Anleger für kleinere Kreuzfahrtschiffe, die in Kopenhagen Station machen. ♥ Eiscreme mit toller Aussicht auf den Hafen gibt es am Ende des Kais, dort stehen zwei Eisbuden mit unverbautem Meerblick. Die als Outlet beschriebenen Geschäfte direkt am Anleger haben nur während der Kreuzfahrtsaison geöffnet. Vielleicht findet man dort noch das ein oder andere Schnäppchen am Weg, das Angebot ist aber kein Grund, extra hierher zu fahren.

Eis mit Meerblick genießen

Vom Kastell führt ein Weg durch die ehemalige Wallanlage Østre Anlæg zu den sogenannten ♥ Parkmuseen zwischen den Gärten **Kongens Have** und **Botanisk Have**. Die Kronjuwelen von Christian V im **Schloss Rosenborg** mitten im Kongens Have sieht man nur als zahlender Besucher, doch der Anblick des Schlosses und ein Besuch in den beiden Gärten ist umsonst. Das Schloss ist heute nur noch ein königliches Museum, der Wohnsitz von Königin Margrethe II und ihrer Familie ist das **Schloss Amalienborg**.

Mehr ab Seite 156

Wachwechsel am königlichen Schloss

Mehr auf Seite 139

Für einen kostenlosen und dazu recht ♥ ungewöhnlichen Stadtrundgang vom Kongens Have zum Schloss Amalienborg sollte man die **Königliche Leibgarde** zum ♥ Wachwechsel begleiten. Täglich zwischen 11:27 Uhr und 11:32 Uhr, je nach Anwesenheit der königlichen Familie, marschiert die Leibgarde mit viel Musik und Tamtam von der **Livgardens Kaserne** am Schloss Rosenborg zum Schloss Amalienborg.

Zeit, Mond und Sterne

Das politische Geschick der Stadt wird im **Rathaus** von Kopenhagen bestimmt. Es steht in der Nähe des Bahnhofs zwischen dem Tivoli und der Fußgängerzone **Strøget**. In seiner sehenswerten Eingangshalle finden von Zeit zu Zeit kostenlose Ausstellungen statt. Auch das Uhrwerk der prächtigen, ♥ astronomischen Uhr von Jens Olsen ist kostenlos zu bewundern, wenn auch hinter Glas. Das Meisterwerk der Feinmechanik wurde aus etwa 15.000 Teilen zusammengesetzt und gibt nicht nur die aktuelle Zeit an, sondern auch Sonnenaufgang und -untergang, die nächste Mondfinsternis und die Position der Sterne.

➶ copenhagenfreewalkingtours.dk

➶ neweuropetours.eu

Ebenfalls kostenlos sind die **Stadtführungen mit Guide**, die täglich vor dem Rathaus starten. Es gibt zwei Anbieter, ♥ Free walking Tours mit hellgrünen Schirmen und ♥ Free Tours mit roten Schirmen. Die Touren starten zur vollen Uhrzeit, pünktlich mit dem Glockenschlag. Die Stadtführer, zumeist Studenten, freuen sich über ein freiwilliges Trinkgeld nach der Runde.

Mehr ab Seite 112

Eine Stadtrundfahrt mit dem Linienbus kostet im günstigsten Fall zwei Einzeltickets zu je 24 DKK.

Kunst und Kultur

Die staatlichen Museen sind leider inzwischen alle kostenpflichtig, nur für Kinder bis etwa 12 Jahre ist der Eintritt in viele Häuser frei. Im **Dänischen Nationalmuseum** zwischen dem Rathaus und **Schloss Christiansborg** wird es günstiger für Erwachsene, wenn man ein Kind begleitet – vielleicht ein kleiner Trost für Familien, denn dieses Museum ist wirklich sehenswert. Alle wichtigen nationalen Fundstücke von der Wikingerzeit bis heute sind hier versammelt, dazu eine Münz- und Medaillensammlung, antike Kunst, Schmuck und auch national bedeutsame Exponate aus heutiger Zeit wie das erste Drogenmobil, das in den Straßen von Kopenhagen kostenlose, medizinische Hilfe für Obdachlose anbot. Alle öffentliche Bibliotheken stehen jedem Besucher offen, selbst, wenn sie so schön und besonders sind wie die **Dänische Nationalbibliothek** am Hafen oder die **Bibliothek der Königlichen Kunstakademie** im Schloss Charlottenborg am Nyhavn. Die Nationalbibliothek heißt auch Den Sort Diamant, ♥ Schwarzer Diamant, weil ihre dunkle Granitfassade das Wasser reflektiert wie abertausend kleine Diamanten. Leider sieht man das in voller Schönheit nur von einem Boot aus, wofür man mindestens ein Ticket für den Wasserbus kaufen muss. Der Eintritt in die Bibliothek ist frei, ebenso wie der Internetzugang und der Besuch aller Ausstellungen. Dazu gehört das **Nationale Fotomuseum** und die **Montana Halle**, in der historische Bücher und seltene Handschriften gezeigt werden. Nicht so berühmt ist die Kunstbibliothek im Schloss Charlottenborg, sie ist Teil der Königlichen Kunstakademie. In ihrem kleinen, ♥ historischen Lesesaal kann man sich bei trübem Wetter in eine Leseecke setzen und in den zahlreichen Kunstbänden blättern, auch deutsche Bücher gehören zur Sammlung.

Historische Bibliothek mit Kunstbüchern

Die vielen, prächtigen Kirchen der Stadt sind alle frei zugänglich, nur der Aufgang zu den Türmen kostet meist ein paar Kronen. Eine kostenlose Alternative ist die Aussicht vom höchsten Turm der Stadt. Er gehört zum **Schloss Christiansborg**, in dem heute das dänische Parlament ♥ Folketinget tagt. Man sollte etwas Zeit mitbringen, da die Schlange vor dem Fahrstuhl meist recht lang ist. Sonntags werden kostenlose Führungen durch die Parlamentsräume im Schloss angeboten, allerdings nur auf Dänisch und Englisch. Man muss sich vorher ♥ online anmelden.

Dänisches Parlament

thedanish-parliament.dk

Spiel, Spaß und kleine Speisen

Die bunte Häuserreihe am **Nyhavn** ist vielleicht ebenso berühmt wie die Kleine Meerjungfrau, fast alle Artikel über Kopenhagen schmücken sich mit ihrem Bild. Als Hafen hat der kleine Stichkanal schon lange seine Bedeutung verloren, doch als ♥ Touristenmagnet und gastronomisches Zentrum wird er wohl in die Ewigkeit eingehen. Es ist auch einfach zu schön hier! Eine Fassade farbenfroher als die nächste, hinter jeder gibt es ein gemütliches Lokal mit vielen Sitzplätzen vor der Tür. Am Kai schaukeln ein paar alte Holzkähne und dazwischen spielen Straßenmusiker, vorzugsweise Jazz und Blues. Wenn man sich direkt auf die Kaimauer setzt, hat man ♥ die beste Aussicht, günstige Getränke bekommt man am Kiosk in der Lille Strandstræde oder bei Aldi in der Gothersgade.

Beliebtester Treffpunkt der Stadt

Gratis in der ersten Reihe sitzen

Ein Imbiss mit sehr leckeren Gerichten für wenig Geld ist das **Shawarma Grill House** an der Strøget, nur wenige Meter vom Rathaus entfernt. Auch in den vielen Supermärkten im Zentrum bekommt man preiswerte, frisch zubereitete Snacks. Die kleinen Netto-Märkte mit dem Namen **DøgnNetto** haben bis Mitternacht geöffnet, die kleinen Filialen von **Irma** bis 20 oder 21 Uhr.

Einen Platz im Liegestuhl am Hafen finanziert die Kommune für alle Gäste, nur aufstellen muss man sich den Stuhl selber. Unter der **Kvæsthusbroen** verbirgt sich eine Tiefgarage für Besucher des Schauspielhauses, auf dem Dach in Meereshöhe entstand eine große Freizeitfläche mit kleinen Bars, Livemusik und vielen kostenlosen Sonnenplätzen. Hier schmeckt das Picknick aus dem Supermarkt gleich doppelt so lecker!

Für ein kostenloses ♥ Bad im Hafenbecken muss man nicht von der Kaimauer springen, sondern kann eines der drei wunderbaren Hafenschwimmbäder besuchen, alle kostenlos. Zu Fuß ist es vom Zentrum aus etwas weit, doch der Hafenbus hält direkt vor allen Bädern.

Mehr auf Seite 136

Einige der Spielplätze, die in den letzten Jahren neu eröffnet wurden, sind nicht nur für Kinder reizvolle Ausflugsziele, denn die Spiel- und Sportgeräte sind auch für Große geeignet. Einen Plan mit allen ♥ kostenlosen Spiel- und Sportflächen gibt es in der Touristeninformation VisitCopenhagen an der Vesterbrogade gegenüber vom Tivoli.

Mehr ab Seite 138

Der **Kopenhagener Zoo** liegt in einem großen Park in Frederiksberg, er kostet natürlich Eintritt, doch auf zwei Seiten wurden die Mauern durch flache Zäune bzw. Glasscheiben ersetzt. Vom schönen **Frederiksberg Park** aus sieht man die ♥ Elefanten hautnah, vom Landschaftspark **Søndermarken** kann man durch eine Glaswand ♥ Zebras, Antilopen und Giraffen in der Savanne grasen sehen.

Großwild hautnah und umsonst

Ein Besuch in **Christiania**, dem ♥ selbsternannten Freistaat im Stadtteil **Christianshavn** ist ebenfalls gratis, vom Rathaus geht man etwa 15 Minuten. Auf dem Gelände gibt es nicht nur ungewöhnliche, selbstgebaute Wohnhäuser, sondern auch urige, günstige Lokale mit so schönen Namen wie ♥ Månefiskeren (Mondfischer), ♥ Stjerneskibet (Sternenschiff) oder Sunshine Bakery (Sonnenscheinbäckerei). Sehr kreativ wird im ♥ Grønsagen gekocht, hier zahlt jeder Gast nur so viel, wie ihm das Essen wert war.

Cafébar Månefiskeren

Auf dem Rückweg in die Stadt kommt man nah an einer der ♥ ältesten Kneipen in Kopenhagen vorbei, wo das Bier tagsüber beinahe Kioskpreise hat. Die **Eiffel Bar** ist eine traditionelle, verräucherte Kneipe, die Jung und Alt gleichermaßen lieben und beleben. Ein Flaschenbier kostet hier tagsüber 17 DKK und abends 20 DKK, eine Flasche Wein gibt es für 130 DKK. Essen sollte man vorher, denn es werden nur Getränke serviert. Dazu spielt man Würfel oder Karten, hört Musik oder lernt ein paar Dänen an der Theke kennen.

Vor den Toren der Stadt

Der Freizeitpark Tivoli ist toll, aber sündhaft teuer. Für wenig Geld erlebt man einen ebenfalls wunderbaren Nachmittag im ältesten Freizeitpark der Stadt, **Bakken** im Vorort Klampenborg. Der Freizeitpark liegt am Rand des weitläufigen **Jægersborg Dyrehave.** Der Eintritt ist frei, nur für die Fahrgeschäfte muss man ein Armband als Wertmarke kaufen. Mittwochs gibt es Einzelfahrten zum halben Preis, die man bar an der Karussellkasse bezahlt, je nach Attraktion zwischen 10 und 40 DKK. Das Essen ist hier immer sehr günstig, der Imbiss ♥ Malmøkroen zum Beispiel serviert jedes Gericht und jedes Getränk für nur 25 DKK. Anschließend kann man einen

Jedes Gericht 3,40 €

Verdauungsspaziergang durch den ♥ Jægersborg Dyrehave machen und Rehe und Hirsche aus nächster Nähe beobachten. Auch ein Abstecher zum herrlichen ♥ Klampenborg Strand lohnt sich. Die Strandanlage und der Wohnkomplex Bellavista an der Uferstraße wurden in den 1930er Jahren vom Designer und Architekten Arne Jacobsen entworfen.

Unesco Welterbestätte

Designerstrand zum Nulltarif

Am anderen Ende der Stadt, ganz im Süden der Insel Amager, liegt das Städtchen **Dragør.** Der Ort gehört nicht zur Stadt Kopenhagen, sondern zur Gemeinde Tåstrup. Die kleine Stadt ist berühmt für ihre ♥ entzückende Altstadt rund um den Hafen. Dicht an dicht stehen die gelben Fischerhäuser, ein Spaziergang durch die schmalen Gassen gleicht einem Ausflug in vergangene Zeiten. Im Hafen erinnert ein alter Lotsenturm daran, dass Dragør einst ein bedeutsamer Hafen war. In den beiden Bars am Kai gibt es Speisen und Getränke zu einem Preis, der (zumindest für Kopenhagen) auch an gute alte Zeiten erinnert.

Wunderschöne Altstadt

Kunst und Kultur – ein Rundgang

Kopenhagen ist so reich an wundervollen Kirchen und Kunstausstellungen, dass man unbedingt mehrere besuchen sollte, um einen Eindruck von der Sammelleidenschaft der dänischen Kunstliebhaber und Museen zu bekommen. Die meisten sehenswerten Gebäude liegen nur einen Spaziergang auseinander, ideal für einen Stadtbummel zwischen Kunst und Kultur. Einen Überblick zeigt der beiliegende Stadtplan.

Ein Bummel durch die Innenstadt

Am schönsten ohne Höhenangst

Als Auftakt für einen kulturellen Rundgang durch die Hauptstadt bietet sich die **Vor Frelsers Kirke** an, deren wunderschöner, goldener Turm entfernt an den Elfenbeinturm aus Michael Endes „Unendlicher Geschichte“ erinnert. Von oben hat man einen herrlichen Blick über die Stadt. Die Treppe führt ♥ außen um den goldenen Turm herum nach oben, was beeindruckend, aber vielleicht auch ein bisschen beängstigend ist – er ist 90 Meter hoch. Bei Regen oder gar Schnee beginnt man den Ausflug im schönen Inneren der barocken Kirche. Ihr kunstvoll verzierter Altar ist aus Marmor, die hölzerne Orgel soll heute noch genauso klingen wie vor 300 Jahren. Vielleicht hat man Glück und es wird gerade für den nächsten Gottesdienst geprobt!

Weiter geht es über die Gasse **Overgaden Oven Vandet** am Kanal entlang zur **Königlichen Oper**. Zwischen alten Häusern und romantischen Hausbooten schlendert man bis zur dreiarmigen ♥ Butterfly Bridge, die Christianshavn mit der Insel Holmen verbindet. Die Oper wurde vom ♥ Architekten Henning Larsen entworfen und von einem der reichsten Unternehmer Dänemarks finanziert, Arnold Mærsk Mc-Kinney Møller. Das Opernhaus ist leider nicht frei zugänglich, die großen Glasfronten bieten allerdings einen tollen Blick auf das prächtig eingerichtete Foyer. Für eine Besichtigung kann man eine ♥ kostenpflichtige Führung buchen, die Karten bekommt man im Internet oder an den Theaterkassen.

Von der Oper fährt ein ♥ Wasserbus (Linie 991) hinüber zum neuen **Schauspielhaus** an der bunten Häuserfront des **Nyhavns**. Rund um das Schauspielhaus kann man sehr gut in der Sonne sitzen und eine Kaffeepause einlegen. Im Foyer gibt es ein Restaurant und auch Theaterkassen.

Mit dem Wasserbus in die Innenstadt

Weiter geht die Fahrt mit der gleichen Wasserbus-Linie zum Anleger am Schwarzen Diamanten, wie die **Königliche Bibliothek** genannt wird. Bei Sonnenschein spiegeln sich die Strahlen in der Fassade und lassen den schwarzen Granit wie ein Feuerwerk aus tausenden Sternen funkeln. Man kann die Reflektionen nur vom Boot aus sehen! Hinter der Bibliothek versteckt sich das **Jüdische Museum**. Der Umbau wurde von ♥ Daniel Liebeskind entworfen. Es ähnelt innen dem Jüdischen Museum in Berlin, allerdings ist es wesentlich kleiner.

Architekt des Jüdischen Museums

Durch den Bibliotheksgarten gelangt man in den Hinterhof von **Schloss Christiansborg**. Links führt der Weg über den Reitplatz und die historische Marmorbrücke zur **Ny Vestergade**, an deren Ende das schönste aller Kunstmuseen steht, die **Ny Carlsberg Glyptotek**. Die riesige Palmenhalle im Eingangsbereich ist eine Oase der Ruhe inmitten der geschäftigen Stadt. Auch, um das Restaurant unter der Glaskuppel zu besuchen, muss man eine Eintrittskarte kaufen. Das Museum zeigt eine umfangreiche, ♥ kostbare Privatsammlung von der Antike bis zum Expressionismus. Ägyptische, römische und griechische Skulpturen, Marmorfiguren von Rodin, Bronzeplastiken von

Degas, Münzen, Tongefäße, Malerei des französischen Expressionismus – hier wandert man durch mehrere tausend Jahre Kunstgeschichte.

Auf dem Weg zur Glyptotek kommt man an einem kleinen **Theatermuseum** vorbei und auf der gegenüberliegendes Seite vom Reitplatz steht das **Thorvaldsen Museum**. Thorvaldsen war ein ♥ dänischer Bildhauer, er lebte im 18. Jahrhundert. Das antik-griechisch inspirierte Museum, welches nach seinen eigenen Entwürfen erbaut wurde, beeindruckt besonders durch die farbenprächtige Wandgestaltung. Von Thorvaldsens ♥ großen Plastiken und Statuen, die man überall in Dänemark findet, stehen hier zahlreiche Gipsformen und Marmorfiguren. Eins seiner berühmtesten Werke ist vielleicht die ♥ Christusfigur in der Vor Frue Kirke, dem Dom von Kopenhagen.

Imposante Plastiken

Zum Abschluss des Tages empfiehlt sich ein köstliches Stück Torte aus der Konditorei **La Glace** in der **Skoubogade**. ♥ La Glace ist Dänemarks älteste Konditorei, das Interieur des Cafés stammt zum Teil noch aus dem Gründungsjahr Ende des 19. Jahrhunderts. Man findet es in einer Seitenstraße der Strøget, nicht weit von der **Vor Frue Kirke** entfernt, so dass man dort noch einen Blick auf den Christus und den Taufengel von Thorvaldsen werfen kann.

Königliche Hofkonditorei

Musehenswert: die Parkmuseen

Zentrum der Parkmuseen

Eine andere Kunstrunde führt rund um den ♥ Kongens Have, in dem das **Schloss Rosenborg** steht. Seit 1838 ist das Schloss ein Museum für königliche Schätze. Die ♥ Kronjuwelen von Christian V, kostbare Gastgeschenke aus aller Welt, königliches Porzellan oder auch der königliche Rotwein, mit dem seit 300 Jahren zu Neujahr königlich angestoßen wird, sind hier zu bewundern. Rund um den Kongens Have stehen noch drei weitere Kunstmuseen, ein **Filmmuseum** und eine **Geologische Museum**.

Das **Statens Museum for Kunst** (SMK) ist das größte, staatliche Kunstmuseum des Landes. Es zeigt vor allem ♥ Malerei aus acht Jahrhunderten. Der alte Prachtbau wurde mit einem geradlinigen Neubau nach hinten vergrößert, so entstand für jede Epoche ein würdiger Rahmen. Auch der Vorplatz des Museums mit seinem großen Wasserbassin und vielen Sitzplätzen wird für Kunstaktionen genutzt.

Hinter dem SMK verbirgt sich **Den Hirschsprungske Samling**, eine ursprünglich private Sammlung, die der Tabakhändler Hirschsprung und seine Frau dem dänischen Staat vermacht haben. Liebhaber der ♥ dänischen Künstlerkolonien werden hier auf ihre Kosten kommen. P. S. Krøyer, Vilhelm Hammershøj oder Michael und Anna Ancher sind vertreten, aber auch ältere Werke wie die von C.W. Eckersberg. Berühmte Werke wie der „Sommerabend in Skagen“ von Krøyer, „Junge Frau vor dem Spiegel“ von Eckersberg oder „Frohe Weihnachten“ von Johansen mit dem ersten dänischen Weihnachtsbaum hängen hier.

Berühmte Werke der Skagen-Maler

In einer Stadtvilla am gegenüberliegenden Ende des Kongens Have ist **Davids Samling** zu bewundern. Christian Ludvig David war zu Beginn des 20. Jahrhunderts ein erfolgreicher Rechtsanwalt und Unternehmer, der schon in jungen Jahren sein Geld in Kunst und Kunsthandwerk investierte. Seine Kunstschätze und sein Stadthaus in der **Kronprinsessegade** als Ausstellungsgebäude wurden 1945 an eine Stiftung übertragen, die das Museum noch heute betreut. Ein Teil der Ausstellung zeigt ♥ Interieur aus europäischen Epochen wie dem Dänischen Goldenen Zeitalter, feinstes französisches, holländisches und deutsches Porzellan und kunstvolle Möbelstücke. Die wertvollste Ausstellung ist aber die ♥ Sammlung Islamischer Kunst vom 7. bis zum 19. Jahrhundert mit Keramik, Schriftstücken und Schmuck. Mit ihren Exponaten zählt sie zu den zehn wichtigsten Sammlungen dieser Art weltweit.

Eine der wichtigsten Sammlungen weltweit

Die letzte Kunstform am Kongens Have ist eher neuzeitlich. Das **Dänische Filminstitut**, Cinemateket, ist ein Museum und ein Programmkino für alle Altersstufen zugleich. Filme werden in Dänemark immer im Original gezeigt, daher muss man für einen Kinobesuch nicht unbedingt Dänisch verstehen.

Das **Geologische Museum** zeigt in einem sehr würdigen, alten Gebäude wechselnde Sonderausstellungen, einige Originale des Botanischen Standardwerks **Flora Danica** und eine Mineraliensammlung. Der Garten und auch das Museum gehören zur Universität Kopenhagen. Der Eintritt zum Botanischen Garten ist frei, auf einer Bank am Teich oder auf der Terrasse der mächtigen Orangerie kann man den Tag im Grünen ausklingen lassen.

It's teatime

Bei Regenwetter oder im Winter empfiehlt sich zum Ausklang ein Besuch in **Perch's Tea Room**. Dieser Teesalon gehört zum ältesten und besten Teegeschäft der Stadt. Hier werden ♥ köstliche Teesorten mit Scones oder Sandwiches serviert. Vom Filminstitut und von Davids Samling sind es nur ein paar Ecken bis zu Perch's in der **Kronprinsensgade**, nicht zu verwechseln mit der Kronprinsessegade! Es ist eine Parallelstraße zur Fußgängerzone Strøget, die man am schnellsten über die Møntergade und Købmagergade erreicht. Kaffee bekommt man bei Perch's übrigens nicht und es ist eine recht kostspielige, aber sehr lohnenswerte Teatime.

Moderne Kunst im Stadtzentrum

Blütezeit dänischer Kultur

Zwei interessante, moderne Kunsträume sollen noch erwähnt werden. Der **Kunstverein Gammel Strand** wurde 1825 vom Maler Christoffer Wilhelm Eckersberg gegründet, der Meister der Malerei im sogenannten ♥ Goldenen

Zeitalter, einer dänischen Kulturepoche zu Beginn des 19. Jahrhunderts, zu der auch Hans Christian Andersen oder Søren Kirkegaard gezählt werden. Eckersbergs Bilder hängen inzwischen in anderen Museen, heute zeigt der Kunstverein ♥ moderne und zeitgenössische Kunst. Viele dänische Künstler sind darunter, aber auch internationale Werke wie Fotografien von Mario Testino oder von Wim Wenders. Das Gebäude selbst ist ein altes Stadthaus. Es wurde großzügig entkernt, damit auf mehreren Etagen helle und lichtdurchflutete Räume für verschiedene Ausstellungen gleichzeitig zur Verfügung stehen. Im Hof öffnet im Sommer ein ♥ hübsches Café, abseits des sonstigen Treibens am Gammel Strand. Im Keller kann man in der umfangreichen Buchsammlung stöbern oder moderne Postkarten und Plakate kaufen.

Die **Nikolaj Kirke** am gleichnamigen Kirchplatz, nicht weit vom Gammel Strand entfernt, wird schon seit 1805 nicht mehr als Gotteshaus genutzt. Die ersten Kunstausstellungen eröffneten hier Ende der 50er Jahre des letzten Jahrhunderts. Der Slogan der Kunsthalle ♥ I'm not a church flattert an der Front und verwirrt den Passanten zunächst, denn auf den ersten Blick ist es eine mächtige Backsteinkirche wie viele andere in der Stadt. Von Fotografie über Videoinstallationen bis hin zu modernem Kunsthandwerk wird hier ein breites, manchmal auch provokantes ♥ Spektrum moderner Kunstformen gezeigt. Außerdem finden regelmäßig Konzerte und Lesungen statt. Der Eintritt in die Kunsthalle berechtigt zum ermäßigten Eintritt in Thorvaldsens Museum, oder auch umgekehrt.

Diese Kirche ist keine Kirche

Gut zu wissen

Sowohl das berühmte **Kunstmuseum Louisiana** als auch das **Arken Museum** stehen nicht in Kopenhagen, sondern jeweils etwa 30 Minuten Fahrtzeit entfernt. Für diese Museen sollten man einen eigenen Tag einplanen und anschließend das Umland der beiden Standorte erkunden. Mehr dazu im folgenden Abschnitt.

Kunst am Stadtrand

Zwischen **Charlottenlund** und **Klampenborg**, den exklusiven Vororten am nördlichen Stadtrand von Kopenhagen, steht der **Ordrupgaard**. Das schmucke Anwesen wurde zu Beginn des 20. Jahrhunderts als Sommerhaus für die Familie Hansen gebaut, bot sich dann aber auch als Galerie für deren üppige Kunstsammlung an. Nach einigen Unstimmigkeiten zwischen dem dänischen Staat und dem Hausherrn wurde die Sammlung nach seinem Tod doch der Öffentlichkeit vermacht und so eröffnete 1953 das **Ordrupgaard Museum**. ♥ Französische Impressionisten, dänische ♥ Künstler des Goldenen Zeitalters, aber auch moderne Werke sind hier zu sehen. Das Museum ist bis 2019 wegen Umbauarbeiten geschlossen.

Ein ungewöhnlicher Kunstraum in Frederiksberg ist der ehemalige Wasserspeicher unter dem Park **Søndermarken**, gegenüber des Zoos. Von April bis November zeigt die Galerie **Cisternerne** ein Kunstprojekt, das speziell für diese dunklen, kühlen und immer etwas feuchten, unterirdischen Katakomben gestaltet wurde. Der Eingang ist in einer kleinen Glaspyramide versteckt, vis á vis des **Schloss Frederiksberg**. Ein Besuch lohnt sich schon wegen der geheimnisvollen Atmosphäre unter der Erde. Hier dringt kein Licht und kein Geräusch von außen ein, selbst der Handyempfang ist unterbrochen. Die schwache Beleuchtung ist Teil der Kunst, manchmal schimmert nur eine Kerze in der Ferne. Der Gang durch die Hallen fühlt sich ein wenig an wie eine Expedition in eine dunkle Tropfsteinhöhle. Das stetige „Pling“ der Wassertropfen und die dadurch entstandenen Kalkgebilde an der Decke verstärken diesen Eindruck noch. Da auch der Boden ist nass ist, sollte man wasserfeste Schuhe tragen.

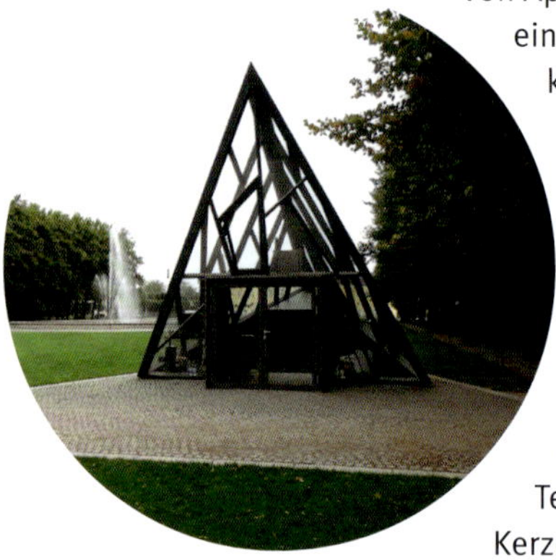

Das **Kunstmuseum Louisiana** ist wohl das bekannteste Kunstmuseum im Kontext mit Kopenhagen, dabei liegt es eigentlich in der Nähe von Helsingør im kleinen Dorf **Humlebæk**. Mit dem Auto und auch mit dem Regionalzug fährt man etwa eine halbe Stunde vom Hauptbahnhof nach Humlebæk. Louisiana mit seinem berühmten, wunderschön gelegenen ♥ Park direkt am Meer gehört zu den führenden Kunstmuseen weltweit. Der Ausflug ist für Kunstliebhaber ein Muss, allerdings nicht unbedingt bei einem Besuch in Kopenhagen. Man sollte für

Skulpturenpark am Meer

Louisiana einen eigenen Tag reservieren und anschließend der schönen Küstenstraße nach Helsingør folgen, um dort die „Hamlet-Festung" ♥ Schloss Kronborg zu besichtigen. Auf dem Schlossgelände gibt es mehrere hübsche Kaffeebars und Restaurants und nebenan weitere, spannende Museen.

Moderne Kunst findet man auch südlich von Kopenhagen im Vorort **Ishøj**. Ishøj liegt etwa eine halbe Stunde von Kopenhagens Zentrum entfernt am Meer, die nächsten S-Bahnstationen heißen Ishøj oder Vallensbæk. Rund um das **Arken Museum for Moderne Kunst** gibt es auch sehr viele Parkplätze. Im Gegensatz zu den Gebäuden von Louisiana, die man bestenfalls vom Meer aus erahnt, da sie vollständig in einem hügeligen Park verborgen stehen, zeigt sich das Museum in Ishøj dem Betrachter schon von Weitem. Es steht offen am Meer, umgeben von einem grünen Naherholungsgebiet mit Seen, Spazierwegen, Spielgeräten und einem breiten Sandstrand. Ursprünglich sollte das Gebäude direkt auf dem Strand errichtet werden, was sich aber aus statischen Gründen nicht realisieren ließ. Mehrere Kulturstiftungen beteiligten sich daher an der Finanzierung einer ♥ künstlichen Seenlandschaft um das Museum herum. Seit 2016 strandet das Gebäude endlich, wie ursprünglich vom Architekten geplant, auf einer „Kunstinsel". Die Sammlung zeigt sehr Modernes von ♥ Ai Wei Wei oder ♥ Damian Hurst, aber auch viele nordische Künstler wie ♥ Jeppe Hein oder Olafur Eliasson. Die wechselnden Sonderausstellungen widmen sich auch nicht so provokanten Künstlern wie Anna Ancher, Bjørn Wiindblad oder Friedensreich Hundertwasser.

Den Rest des Tages kann man am herrlichen Sandstrand direkt vor dem Museum verbringen und in einem Restaurant am gegenüberliegenden Jachthafen den Abend ausklingen lassen. Oder man besucht noch das **Mosede Fort** im gleichnamigen Ortsteil von Greve. Diese ♥ Festungsanlage aus dem Ersten Weltkrieg wurde wirklich direkt auf den Strand gebaut und ist heute Teil des **Greve Museums**. Die Ausstellung erzählt, wie sich Dänemark in den Wirren des ersten Weltkrieges als neutrales Land zu behaupten versuchte.

Ørestad DR Byen

Architektur und Wohndesign

In kaum einer europäischen Hauptstadt bekommt man auf kleinstem Raum eine solche Fülle an erstklassiger Architektur geboten. Vielleicht liegt es daran, dass in Dänemark einige weltberühmte Architekten geboren wurden, die auch daheim nicht untätig sind. Sicher liegt es auch an der Entscheidung, auf dem ehemaligen Hafenareal und der weitläufigen Insel Amager komplett neue Stadtteile zu errichten. Im beiliegenden Stadtplan sind einige der genannten Bauwerke bereits eingezeichnet.

Neubau trifft Historisches

Historische Bauten

Platz für moderne Wohngebiete gibt es in Kopenhagen genug. Die neuen Viertel sind immer als Gesamtkonzept angelegt. Wohn- und Gewerbeflächen, Sport- und Ruhezonen, Einkaufsmöglichkeiten und Verkehrsanbindung liegen so beieinander, dass man überall das Gefühl hat, Teil der Metropole zu sein und dennoch im Grünen lebt. Wobei es in Kopenhagen auch „im Blauen" heißen kann, denn vor allem Wasser ist allgegenwärtig. Ein ♥ Rundgang zu besonderen Bauwerken führt in der Innenstadt vor allem zu Bauwerken aus ♥ vergangenen Epochen, abgesehen von den Kulturbauten am Hafen und dem ♥ Axel Tower, einem Ensemble aus runden Bürotürmen am Hauptbahnhof.

Wer sich ein Bild von der heutigen Bauweise machen möchte, wird ♥ außerhalb des Zentrums fündig. Zu den Neubaugebieten in Ørestad oder am Havnevigen bei Islands Brygge fährt man mit der Metro. Diese U-Bahn ist Teil des Stadtentwicklungsplans und ebenso sehenswert wie die Bauten rechts und links der Strecke. Zum neuen Stadtteil Nordhavn gibt es bisher nur eine S-Bahnlinie. Wenn die Bauarbeiten abgeschlossen sind, wird Nordhavn sicher zu den beliebtesten Stadtteilen von Kopenhagen gehören! Auch hier ist die Umweltverträglichkeit eines der ♥ Hauptanliegen der Stadtplanung, denn Kopenhagen will in wenigen Jahren CO_2 neutral sein. Dazu gehört der Ausbau der Fahrradstraßen und -brücken für Pendler zu sogenannten ♥ Super Cycle Highways. Das Konzept der Fahrradautobahn soll zudem für Pendler den schnellstmöglichen, sichersten und komfortabelsten Radweg zwischen Heim und Arbeit gewährleisten. Es ist gelungen! Diese Radwege wünscht man sich überall. Selbstverständlich fügen sich die schönen Fahrradbrücken nahtlos in die Reihen der Sehenswürdigkeiten ein.

Neubauten in den Randgebieten

Umweltfreundliche Stadtplanung

Fahrradautobahn

Indre By: Baukunst aus fünf Jahrhunderten

Der aktivste Bauherr unter den dänischen Königen war **Christian IV**. Er beschäftigte zu Beginn des 17. Jahrhunderts verschiedene Architekten und ließ nicht nur Sehenswürdigkeiten wie ♥ Schloss Rosenborg oder den ♥ Runden Turm bauen, er gründete sogar einen neuen Stadtteil, der seinen Namen trägt: Christianshavn.

Der Architekt **Vilhelm Dahlerup** war im 19. Jahrhundert sehr produktiv. Seine Bauten prägen das historische Stadtbild ähnlich wie die Spuren von Christian IV. Aus Dahlerups Feder stammen das Hauptgebäude des ♥ Statens Museum for Kunst, das Hotel ♥ D'Angleterre am Kongens Nytorv, die alte ♥ Carlsberg Brauerei mitsamt dem schönen Elefantentor, das Hauptgebäude der ♥ Ny Carlsberg Glyptotek oder der hübsche, weiße ♥ Søpavillonen an den Kopenhagener Seen, in dem heute ein schicker Club sein Sonntagsbuffet und wöchentliche Salsa-Partys veranstaltet.

Das ♥ Wohngebäude von Carl Jacobsen, dem Carlsberg-Gründer, entwarf **Hack Kampmann**. Hack Kampmann war zu Beginn des 20. Jahrhunderts Königlicher Baumeister in Nordjütland und hinterließ besonders in ♥ Aarhus seine Spuren. In Kopenhagen geht der ♥ Politigård zwischen Tivoli und Hafen auf seinen Entwurf zurück. Der kreisrunde Innenhof der Polizeistation wird gern als Filmkulisse genutzt wie

Mehr auf Seite 64

in der TV-Serie „Borgen“. Der Hof hat einen imposanten Durchmesser von 44 Metern und gilt als Höhepunkt des Neoklassizismus. Aus Sicherheitsgründen ist er leider nicht mehr frei zugänglich.

Arne Jacobsen ist in Kopenhagen mit der ♥ Dänischen Nationalbank und dem berühmten ♥ SAS Royal Hotel am Bahnhof vertreten. Sehenswert sind auch der Wohnkomplex ♥ Bella Vista an der Strandpromenade in Klampenborg und eine ♥ Tankstelle in **Skovshoved,** vermutlich eine der wenigen Designertankstellen weltweit!

Sammlung historischer Skizzen

Die ♥ Königliche Kunstbibliothek im Innenhof von Schloss Charlottenborg zählt etwa 300.000 ♥ Architekturzeichnungen zu ihren Schätzen. Fachkundige Interessenten können online einen Termin vereinbaren, um sich Originale zeigen zu lassen, man muss allerdings einen Grund angeben. Das gilt auch für die Sammlung historischer ♥ Architekturfotografien.

Who is who: Moderne Bauten und ihre Schöpfer

Rund um Kopenhagens Hafenfront ist ein wahres Freilichtmuseum moderner Baukunst entstanden. Das Architekturbüro **Henning Larsen** entwarf die auffälligen schwarzen Bürobauten der ♥ Nordea Bank neben der Knippelsbro und den lichtdurchfluteten Bau der Bank in Ørestad. Eins der ersten Bauwerke von Larsen in Kopenhagen war die ♥ Königliche Oper, derzeit gestaltet das Büro Larsen das neue Wohngebiet ♥ Carlsberg Byen zwischen Vesterbro und Valby auf dem ehemaligen Brauereigelände. Im Showroom kann man sich jeden Sonntag über die Baupläne für das Areal informieren.

Gebäudes des Dänischen Rundfunks

Das ♥ DR-Byen zwischen Ørestad und Islands Brygge wurde von **Vilhelm Lauritzen** konzipiert, es ist das Büroviertel des Dänischen Rundfunk- und Fernsehsenders Danmarks Radio. Den Zuschlag für den Bau des integrierten ♥ Radio-Konzertsaals bekam der Franzose **Jean Nouvel**. Es ist einer von drei prächtigen Konzert- und Theatersälen der doch recht kleinen Großstadt. Aus wirtschaftlicher Sicht war es nicht die beste Investition, aber das schadet der Qualität des Bauwerks nicht.

Schöner schlafen im Himmel

Das Hotel ♥ Bella Sky gehört zum gleichnamigen Messezentrum in Ørestad und wurde von der Architektengruppe **3xn** erdacht. Die schiefen Türme machen schwindlig, wenn man darunter steht, nicht nur, weil der Wind ständig durch die beiden Gebäudeteile fegt. Im Foyer beruhigt die schlichte, skandinavische Einrichtung die Sinne bei einem Drink an der Hotelbar im obersten Stockwerk.

Das Studentenwohnheim ♥ Tietgenkollegiet von **Lundgaard & Tranberg** ist eines der sehenswerten Gebäude dieses Architekten-Duos. Das runde Bauwerk ist von chinesischer Bauweise inspiriert und mit viel Holz verkleidet. Holzfarbene Steinfronten prägen auch das Aussehen des neuen ♥ Schauspielhauses am Hafen. Bronzefarben und ebenfalls rund sind die ♥ Axel Tower, die am Axeltorv mitten im Zentrum stehen. Im obersten Stock werden Cocktails und Sterneküche serviert.

Studentenwohnungen

Das preisgekrönte Wohnhaus ♥ 8TALLET von **Bjarke Ingels** in Ørestad hat seinen Bewohnern in den vergangenen Jahren viel Publikumsverkehr zugemutet, weshalb eine Besichtigung nur noch wochentags von 10 - 16 Uhr erlaubt ist. Hier wurde ein Traum vom Schöner Wohnen wahr. Sowohl die Gestaltung des Wohnblocks als auch die herrliche Lage am Stadtrand können bestimmt mit einer gemütlichen Altbauwohnung im Zentrum konkurrieren. Noch luxuriöser hat Ingels das Wohnen im ♥ Villenviertel VM erdacht, es steht ebenfalls in Ørestad. Dazu gehört auch der ♥ VM Bjerget, ein Wohnblock aus zwei spitz zulaufenden Gebäudeteilen mit großzügiger Glasfassade und ansteigenden, holzverkleideten Appartements. Der „Bjerget", der Berg, ist als solcher schon von weitem erkennbar, denn die Metallfassade des darunterliegenden Parkhauses ist mit einer Gebirgslandschaft verziert. Solche Bilder an Parkhäusern sieht man

Preisgekröntes Wohngebäude

Luxus pur

häufiger, perforierte Metallplatten zaubern Bilder an die Wände, die man nur von Weitem erkennt.

dga.dk

Shoppen in lichten Hallen

Im Nordhavn fallen die ♥ Portland Towers von **designGroup** ins Auge. Die Designergruppe war auch am Entwurf des ♥ Einkaufszentrum Fisketorvet und dem benachbarten Neubau der Hafenzone ♥ Frederiks Brygge beteiligt.

Um den Fisketorvet führt die ♥ Bicycle Snake. So heißt eine Fahrradbrücke rund um das Einkaufszentrum und über den Hafen bis nach Islands Brygge. Es ist nur eine der vielen sehenswerten Brücken, die Radfahrern und Fußgängern vorbehalten sind. Ungewöhnlich sind auch die ♥ Circle Bridge des Künstlers **Olafur Eliasson** zwischen den Nordea-Türmen in Christianshavn und die ♥ Kissing Bridge am Nyhavn, die offiziell Inderhavnsbroen heißt.

dac.dk

Rundgänge auf Englisch

Architekturspur zum Selberplanen

Das **Dänische Architekturzentrum DAC** mit Sitz in einem alten Lagerhaus in **Christianshavn** veranstaltet ♥ Stadtführungen zum Thema Architektur in der Stadt. Auf der Website kann man sich auch selbst eine Architekturführung zusammenstellen oder auf Vorschläge von anderen, fachkundigen Usern zurückgreifen, das Projekt nennt sich ♥ Copenhagen X Gallery. Ein tolles Angebot!

Danish Design für den Hausgebrauch

Dänische Stühle

Dänisches Design für Interieur hat unzählige Klassiker hervorgebracht, die bis heute gebaut und gekauft werden. Weltberühmte Stühle von **Hans J. Wegner**, **Verner Panton** oder **Finn Juhl**, die Sessel von **Arne Jacobsen**, Lampen von **Louis Poulsen**, aber auch Keramik von **Kähler**, die Thermoskannen von **Stelton** oder Karaffen und Vasen der Firma **Menu** kennt wohl jeder Dänemarkurlauber, der sich für Design interessiert.

Das Dänische Design Center, das in einigen Büchern und Texten noch als Ausstellungsgebäude genannt wird, ist nicht mehr für Publikum geöffnet. An der Aufgabe, Gewerbe, Industrie und Institutionen zum Thema Design zu beraten, hat sich aber nichts geändert. Die Ausstellung für jedermann findet man nun im Dänischen Designmuseum an der Bredgade. Hier ist alles versammelt, was es zum Thema Design in Dänemark zu sagen und zu zeigen gibt, für dänische Stühle gibt es sogar eine eigene Abteilung. Die meisten Designobjekte kann man auch heute noch kaufen oder zumindest in den entsprechenden Geschäften bewundern, auch das Museum hat einen Shop mit handlichem Design.

ddc.dk

Designmuseum

Second Hand bekommt man gut erhaltene Designklassiker bei Klassik in der Bredgade 3, dieser Luxus-Vintageladen betreibt noch zwei weitere Filialen im Stadtgebiet und einen Onlineshop unter klassik.dk. Auf neue Möbel spezialisiert ist Dansk Møbelkunst in Østerbro hinter dem Fælledparken.

Design ist in Dänemark eine Selbstverständlichkeit, mit der man seinen Haushalt verschönert. Auch wenn man das eine oder andere Möbelstück bei Ikea kauft, wird die Wohnung erst mit echten Designeraccessoires richtig hyggelig. Die Klassiker des dänischen Designs sind alle am Amagertorv versammelt. Im Kaufhaus Illums Bolighus sind die Produkte über mehrere Etagen nach Themen und Designern sortiert, vor allem modernes Küchen- und Dekodesign gibt es hier.

Design gehört zum Alltag

Alle Designer an einem Platz

Porzellan von Royal Copenhagen steht direkt nebenan im Schaufenster. Eine große Auswahl etwas günstigerer Zweite-Wahl-Artikel verkauft Royal Copenhagen in seiner alten Porzellanfabrik in Frederiksberg. Schmuck, Besteck und Wohnaccessoires von **Georg Jensen** gibt es ebenfalls in einem eigenen Laden am Amagertorv. Lampen von Design-Ikone **Louis Poulsen** hängen nur zwei Ecken weiter im Flagshipstore des Unternehmens am Gammel Strand.

Klassisch dänisches Porzellan

Leuchten-der Ausstellungsraum

Shoppingmeilen in Kopenhagen

Als Fußgängerzone in Kopenhagen wird immer wieder die **Strøge**t im Zentrum genannt. Es ist die direkte Verbindung vom Bahnhof und dem Rådhusplads zum Nyhavn, vor vielen Jahren war es mal die längste Fußgängerzone Europas. Wer sich aber auf einen gemütlichen Einkaufsbummel freut, sollte andere Straßen und die benachbarten Stadtteile besuchen.

Shoppen in der City

Die ♥ Strøget besteht aus mehreren Straßen mit unterschiedlichen Namen, ist aber auch mit „Strøget" beschildert. Sie ist eine typische Großstadtmeile mit vielen Modeketten, Imbissbuden und Touristenshops. Bis auf das **Kaufhaus Illum** und die Filialen der großen Luxusketten **Vuitton** und **Valentino** oder dem Wohndesign rund um den Amagertorv gibt es wenig Individuelles zu entdecken. Auch das **Magasin du Nord**, ein alt-ehrwürdiges Kaufhaus am Kongens Nytorv, ist eigentlich ein Kaufhaus wie jedes andere, wenn auch recht hochwertig bestückt. In der parallel verlaufenden Fußgängerstraße ♥ Strædet aus der Kompagnistræde und Læderstræde ist die Auswahl schon interessanter. Kleine Läden mit Haushaltswaren, Dekoartikeln, Mode und Schmuck wechseln sich ab mit gemütlichen Lokalen, die nur halb so exklusiv sind wie die großen Cafés der Strøget. Individuelles Design sucht man aber auch hier vergeblich, vielleicht, weil die Mieten im Zentrum zu hoch sind. Handgemachte Keramik, Designer-Ateliers oder ausgefallene Mode bekommt man in den benachbarten Stadtteilen. Bisher gibt es im sogenannten ♥ Latinerkvarteret rund um die alte Universität an der Krystalgade noch ein paar ausgefallene Geschäfte, aber auch hier geht der Trend inzwischen eher zu Cafébars, Kneipen und Modeboutiquen.

Am schönsten sind die Gassen zwischen ♥ Købmagergade, Gothersgade und Kongens Nytorv im Zentrum. Hier gibt es zwar auch Ketten, aber eher hochwertig wie Samsøe & Samsøe oder Hays, dazwischen jede Menge Schmuck, Feinkost, Zigarren und schicke Lokale. Besonders sind die Cafés in den beiden großen Kaufhäusern: Im Illum läuft eine schmale Aussichtsterrasse rund um die Lokale im obersten Stock und im Magasin du Nord kann man auch im Winter in kleinen Zelten auf dem Innenhof speisen.

Bummeln in den Szenevierteln

Bis auf **Christianshavn**, wo man außer einem Laden mit ♥ Spezialitäten aus Island und ♥ handgemachten Souvenirs aus dem Freistaat Christiania wenig nennenswerte Läden findet, hat jeder zentrumsnahe Stadtteil mindestens eine Straße, in der Bummeln und Shoppen so richtig Freude bereiten.

Vesterbro

In Vesterbro, dem nächsten Stadtteil vom Bahnhof aus, ist die ♥ Istedgade das Zentrum der Boutiquen und Bars. Ausgefallene Secondhand-Läden wie **Funkey Monkey** mit Mode und Möbeln aus den 70er Jahren, modernes Wohndesign von kleineren Manufakturen bei **DANSK** und vielleicht die größte Auswahl an Kaffeebars und kleinen Bistros säumen die Straße. Auch in den Nebenstraßen nach Süden hin und in den Häuserblocks um den ♥ Enghave Plads schmückt handgemachte Keramik bei **Carpe Diem**, bunte Mode bei **Mania** oder ökologische Kinderkleidung bei **Chickids** die Schaufenster. Entlang der Istedgade findet man auch sehr viele Salatbars und Gemüseläden.

Frederiksberg

Vom Enghave Plads führt der ♥ Enghavevej hinüber nach Frederiksberg. Die breite ♥ Frederiksberg Allé war früher die Prachtstraße von Frederiksberg Slot ins Stadtzentrum, diese ehrwürdige Stimmung spürt man noch heute. Zum Shoppen geht man aber noch eine Querstraße weiter zum ♥ Gammel Kongevej. Egal, in welche Richtung man auf dem Gammel Kongevej schlendert – hier wird jeder einen spannenden Laden finden! Skandinavisch-schlichte Mode und Deko bei **Anne Black**, altes, neues und handgemachtes Spielzeug im **Prik**, Schmuck und Perlen bei **1001 Perle**, Naturkosmetik bei **Helsam**, tolle alte Bücher im **Antikvariat** gegenüber, diverse Läden mit Sportartikeln, Hifi- und Küchengeräten, Schallplatten und CDs und, und, und bekommt man hier. Alles in mehr oder weniger kleinen Läden und selbstverständlich mit der passenden Auswahl an Cafés und Bistros dazwischen. Am westlichen Ende der Straße vor dem Frederiksberg Rathaus kann man auf der Falkoner Allé in Richtung Norden noch weiter einkaufen. Dort steht auch das große **Frederiksberg Center**, ein Einkaufszentrum für kalte und nasse Tage. In Richtung Stadtzentrum von Kopenhagen darf man die kleine Querstraße ♥ Værnedamsvej zwischen Gammel Kongevej und der Vesterbrogade nicht versäumen. Vorzüglichen Käse bei **Helge's Ost**, Wein und Spirituosen bei **Juul's Vin og Spiritus**, schicke Accessoires für Haustiere im **Le Chic Dog**, ein schöner Blumenladen und unterschiedliche Cafés drängen sich auf nur wenigen Metern. Das **Café Granola** ist eins der angesagtesten Frühstückscafés und das **Hotel & Café Central** ist das kleinste Hotel der Stadt – es hat nur ein Zimmer und nicht viel mehr Sitzplätze in der kuscheligen Kaffeebar im Erdgeschoss.

Frederiksberg
Lacour Lilholm

Nørrebro

Nicht ganz so gutbürgerlich wie Frederiksberg ist der nächste Stadtteil Nørrebro, aber bekanntlich ziehen ja gerade die alten Arbeiterviertel alternative und nicht zuletzt dann wieder exklusive Läden oder auch Gastronomen an.

Rund um den Friedhof Assistens Kirkegård tummeln sich einige der besten oder zumindest derzeit angesagtesten, gastronomischen Angebote wie die Kaffeerösterei **Coffee Collective**, das Sternerestaurant **Relæ** mit dazugehöriger Weinbar und der Bäckerei **Mirabelle**, die Frühstücksbar **Grød** oder die Bäckerei **Meyers Deli**. Sie alle verkaufen ihre Köstlichkeiten auch zum Mitnehmen, ebenso wie die Schokolaterien und Bonbonmanufakturen. Die meisten angesagten Bars und Boutiquen findet man in der ♥ Jægersborggade. Aber nicht nur köstliche Speisen gibt es hier, sondern auch ausgefallene Wohnobjekte bei **CMYKkld**, Kunst, bunte Haushaltshelfer und Papierwaren bei **PALERMO Hollywood**, und sogar ein Fachgeschäft für Kakteen und Sukkulenten **Kaktus**, passend zum angesagten Retro-Ambiente überall. Auf der Nørrebrogade lockt der **Accord Store** Musikfans mit neuen und gebrauchten Tonträgern aller Art und einige Meter weiter stehen die schönsten skandinavischen Wohnobjekte im Fenster von **Nova Møbler**.

Second Hand-Liebhaber müssen unbedingt durch den Fælledvej oder die ♥ Ravnsborggade in Richtung Skt. Hans Torv schlendern, diese Straße ist berühmt für ihre vielen Gebrauchtmöbel und -kleiderläden.

Østerbro

Østerbro ist von der Geschäftsstruktur ähnlich wie Frederiksberg, vielleicht noch ein bisschen schicker, aber auf jeden Fall etwas weitläufiger und noch weniger touristisch. Der Stadtteil beginnt am östlichen Ende der Kopenhagener Seen und reicht bis zum neuen Wohngebiet Nordhavnen. Die schönen Altbauwohnungen, das grüne Viertel Brumleby, der große Fælledparken und sicher auch die Nähe zum Meer machen dieses Viertel zu einem der beliebtesten Wohngebiete für Familien. Entsprechend hoch ist hier die Dichte an Läden für Kindermode wie bei **Petit monde** oder **Anton elsker Sko** (Anton liebt Schuhe!), Second Hand Chic wie bei **I Blame Lulu** oder **Second**, Wunderschönes fürs Regal bei **Rambow**. Doch auch alle Feinkostvorlieben der Stadt werden hier bedient: sozial und ökologisch korrekte Speisen bei den **Social Foodies**, vorzügliche Schlachtereien, Kaffeeröstereien und natürlich eine Filiale von **Grød**, dem angesagten Haferbreiproduzenten, gibt es hier. Die Haupteinkaufsstraße heißt ♥ Østerbrogade, aber auch auf der ♥ Nordre Frihavnsgade und besonders in der kleinen ♥ Rosenvængets Allé gibt es schöne Läden. Zum Ausspannen und Leute beobachten sitzt man am besten am ♥ Skt. Jakobs Plads oder auf dem ♥ Gunnar Nu Hansens Plads, gemütlich draußen trinken kann man ganzjährig auch am ♥ Bopa Plads etwas nördlich der Hauptstraße.

Mein Tipp

Die Kopenhagener lieben gutes Essen, guten Wein und hochwertige Süßwaren. In allen Stadtteile findet man eine große Auswahl an **Feinkostgeschäften** mit Käse und Wein aus aller Welt oder feinster Schokolade und ungewöhnliche Biersorten, meist aus Dänemark. Auch die Fleischereien sind eine Augenweide. Kunstvoll dekoriert liegen Braten, aromatische Würste und saftige Schinken im Tresen. Selbst überzeugte Salatfreunde könnten hier schwach werden. Einige Feinkostläden bieten Mittagessen oder eine Probiertheke für Getränke an.

Genießen von früh bis spät

Kopenhagen als eine europäische „Hauptstadt der preisgekrönten Küche" zu bezeichnen ist wohl nicht übertrieben. Die hohen Preise für Lebensmittel, Restaurantbesuche und Getränke sind aber nicht nur durch die Sterne, sondern zum großen Teil durch die hervorragende Qualität der Zutaten bestimmt.

Es muss nicht immer Sterneküche sein

Preisgekrönte Köche

theworlds-50best.com

Wer Sterneküchen sucht, wird in Kopenhagen fündig. Fünfzehn Restaurants wurden 2017 mit ♥ Michelin-Sternen ausgezeichnet. Einem Lokal ist zum zweiten Mal der dritte Stern zuerkannt worden. Auf der ♥ Liste der 50 besten Restaurants weltweit finden sich auch zwei Restaurants aus Kopenhagen.

Nun ist ein Menü im Drei-Sterne-Haus **Geranium** oder in den zwei-Sterne-Restaurants **AOC** ein echtes Investment und zudem muss man Wochen oder gar Monate im Voraus einen Tisch reservieren. Daher gibt es hier paar andere Vorschläge, die zwar auch teuer sind, aber nicht unbezahlbar.

Die Tour beginnt mit einem ♥ typischen Frühstück und endet in einer ♥ Cocktailbar. Sollte für die Restaurants dazwischen eine Reservierung sinnvoll sein, kann man dies auf den jeweiligen Internetseiten mit ein paar Tagen Vorlauf schnell und unkompliziert erledigen. Es gibt für jede Mahlzeit verschiedene Empfehlungen in den Stadtteilen Indre By, Vesterbro, Frederiksberg, Nørrebro und Østerbro, so dass man entweder ein ganzes Viertel erforschen kann oder mit jeder Mahlzeit einen anderen Stadtteil kennen lernt. Ein Stadtplan zur Orientierung liegt im Buch.

Frühstücksvielfalt

Bevor man das erste Häppchen zu sich nimmt, müsste man eigentlich eine Runde joggen, weil es hier so viele schöne Joggingrouten gibt und weil es einfach zum Leben in dieser Stadt dazu gehört – so sehr, dass das Ausstattungsmerkmal ♥ Joggingroute in der Nähe bei der Zimmersuche angeboten wird.

sportaffines Kopenhagen

Zum Frühstück isst man Joghurt mit etwas Müsli und frischem Obst, dazu kerniges Brot mit Käse oder ♥ einfach eine Schüssel Grød. Grød ist das dänische Wort für Grütze oder Porridge, auf Deutsch würde man es eher Getreidebrei nennen. Grød ist ein überaus beliebter Trend, besonders bei jungen Leuten. **Grød,** wie sich das ♥ beliebteste Lokal schlicht nennt, gibt es bereits dreimal in der Stadt. Hier bilden sich morgens lange Schlangen. Eine zweite Bar mit ähnlichem Konzept, aber kürzerer Wartezeit, ist der **Bowl Market Copenhagen** in Vesterbro am Gasværksvej.

Frühstücken wie die Dänen

groed.com

Grød ist viel mehr als nur Haferflocken mit warmer Milch. Es ist ein Gericht aus gekochten, leicht gewürzten Getreideflocken, die anschließend mit etwas Olivenöl und diversen Kompotten, mit frischem Obst, getrockneten Beeren und Kräutern oder anderen „Superfood“ Zutaten serviert werden. Es gibt die interessantesten Kombinationen, selbstverständlich auch gluten- und lactosefrei. Dieser Brei ist ♥ wirklich köstlich, versprochen! Leider sind aber die Lokale (in Nørrebro, Østerbro bzw. in der **Torvehallerne**) nicht sonderlich gemütlich und sehr klein. Es ist also ein Tipp für sonnige Tage, an denen man draußen sitzen kann.

Auch innen sehr schön ist das Café **Granola** in Frederiksberg, wo klassisches Frühstück mit Joghurt, Obst und köstlichen Vollkornbroten serviert wird. In der Frederiksberg Allé locken das **Karmaman**, ein Feinkostgeschäft mit einer leckeren Frühstücksauswahl und **Den go'e Kaffeebar**, ein gemütliches Café mit computerfreien Tischen und Gesellschaftsspielen. Ebenfalls sehr lecker und derzeit ziemlich angesagt ist das Frühstück im **Mirabelle** in der Guldbergsgade in Nørrebro. Diese ♥ Bäckerei mit Café gehört zum Sternelokal Relæ. Das köstliche Brot sollte man unbedingt probieren. Ein leckeres Brunchbuffet serviert das **Kalaset** in der Nähe des Bahnhofs Nørreport am Wochenende. Ein Augenschmaus ist das Frühstück in **Meyers Deli**, fast alle Zutaten sind hausgemacht, die Gebäckstücke bekommt man auch zum Mitnehmen in ♥ Meyers Bageri. Es gibt mehrere Filialen in der Stadt. Claus Meyer war einer der Mitbegründer des Noma. Seine Speisen sind nicht günstig, aber konsequent hochwertig und köstlich.

Tolle Backwaren

Wienerbrød vom Feinsten

Frisch gestärkt ist es nun Zeit für ein wenig Sightseeing oder für eine ♥ Shoppingtour durch die kleinen Geschäfte in Nørrebro, Vesterbro oder Frederiksberg, je nachdem, wo man seine erste Mahlzeit bestellt hatte.

Mehr ab Seite 170

Mittags isst man frokost

Klassisch zu Mittag essen

Was in Dänemark ♥ frokost heißt, ist nicht das Frühstück, sondern ein Mittagessen, allerdings wird es recht früh eingenommen. Die Frokost-Lokale öffnen um 11.30 Uhr, ab 14 Uhr wird es schon eng mit echter, dänischer Mittagsküche.

Dort wo Smørrebrød am Lokal steht, sollte man auch Smørrebrød bestellen. Drei verschiedene Brote, erst mit Fisch, dann mit Fleisch und zum Abschluss etwas Käse sind das Minimum, dazu empfiehlt der Kellner passende Biere und natürlich einen Snaps. Eine Auswahl klassischer Frokostlokale gibt es im Artikel ♥ Smørrebrød in Kopenhagen. Im Sommer sind die **Familiehaver** am Frederiksberg Park oder das **Bjælkehuset** im Søndermarken besonders gemütlich, denn hier sitzt man im Grünen unter freiem Himmel.

Mehr ab Seite 192

Nur kleine Häppchen, dafür aber von besonderer Qualität, bekommt man bei ♥ Løgismose, dem bekanntesten und größten Feinkosthändler Dänemarks. Das Geschäft versteckt sich zwischen Toldboden und dem Kastell. Vor der Tür stehen ein paar Tische, wo man ein Glas Wein und eine frische Auster oder ein Krabbensandwich direkt verzehren kann. Man kann sich die Happen auch in einer schönen Tüte verpacken lassen und damit die nächste Picknickbank ansteuern, denn das Angebot ist hervorragend, die Lage des Geschäfts aber leider nicht die allerbeste Wahl für ein gemütliches Mahl. Für Schnäppchenjäger: Ein kleines Sortiment von Løgismose bekommt man in den Supermärkten von ♥ Netto.

Feinkosthäppchen zum Mitnehmen

Feinkost beim Discounter

Kaffee und Kuchen – oder lieber Tee?

Nach dem Mittag kann man das Mahl auf einer Tour mit einem ♥ Kanalboot verdauen und dabei die Sehenswürdigkeiten rund um den Hafen bewundern. Anschließend ist sicher wieder Platz im Magen für eine Stück Torte.

Mehr ab Seite 132

Die Konditorei **La Glace** ist ♥ Dänemarks älteste Konditorei mit der größten Auswahl an Torten, die man sich nur wünschen kann. Noch ein wenig eleganter ist es in **A.C. Perch's Tea Room**, hier bekommt man eine Etagere mit verschiedenen Köstlichkeiten serviert und dazu

Torten mit Tradition

eine Kanne mit vorzüglichem Tee nach Wahl. Kaffee wird hier nicht gekocht! Die köstlichen Scones backt übrigens ♥ Reinh van Hauen für Perch's und verkauft sie auch an Ladenkundschaft.

Bäckerei in Frederiksberg

Soll es nur ein guter Kaffee sein, bekommt man diesen in der Rösterei **The Coffee Collective**, die mit ♥ drei Filialen in der Stadt vertreten ist und unter Kennern zu den besten Kaffeebars zählt.

Bester Kaffee der Stadt

Der beste Käsekuchen der Stadt wird bei **Bertels Kager** gebacken, zumindest haben das die Besucher 2016 entschieden. ♥ Byens Bedste ist ein Qualitätssiegel für Lokale und Geschäfte, das alljährlich vom Publikum vergeben wird. ♥ Bertels Kager findet man in Frederiksberg und auch im Zentrum in der Kompagnistræde.

aok.dk

Käsekuchen für Genießer

Eine andere, süße Köstlichkeit gibt es in den vielen ♥ Chocolaterien. **Summerbird** und **Peter Beier** sind mehrmals in der Stadt vertreten, beide produzieren in Handarbeit schokoladige Leckereien vom Feinsten. Nur einen kleinen Laden hat **Frederiksberg Chokolade**, dafür liegt dieser aber besonders schön an der Frederiksberg Allé und das ♥ Eis dort ist eins der besten in der Stadt, vielleicht noch besser als die Schokopralinen. Ebenso klein wie fein ist das Schokoladengeschäft von **Ro Chokolade** in der Jægersborggade in Nørrebro mit feinsten Schaumküssen, die sehr kreativ gefüllt sind.

Ausgesuchte Schokoladen

Den Rest des Nachmittags verbringt man nun mit einem Spaziergang durch einen der wunderbaren Gärten. Frederiksberg hat gleich zwei Gärten für Blumenfreunde: Das Reich des **Königlichen Gartenvereins** gegenüber der achteckigen Frederiksberg Kirke und den kleinen botanischen **Garten der Universität** zwischen Gammel Kongevej und Thorvaldsensvej. Im **Fredriksberg Park** mit seinen Brücken und verschlungenen Wegen lässt sich auch vortrefflich spazieren, nebenbei wirft man hier einen Blick auf das gelbe Frederiksberg Schloss und auf das Elefantengehege des Kopenhagener Zoos.

➶ kglhavesels-kab.dk

Im Stadtzentrum zwischen Nørreport und Kunstmuseum SMK liegt der große **Botanische Garten**, den ebenfalls die Universität betreut. Er ist umgeben von zwei Landschaftsparks, dem **Ørstedsparken** und der **Østre Anlæg**, die Teil der mittelalterlichen Stadtmauern waren. Gegenüber wartet dann noch der **Kongens Have** mit Schloss Rosenborg, so dass man mindestens ein bis zwei Stunden im Grünen verweilen kann.

Aftensmad – das Abendessen

Langsam nähert sich der Abend und es wird Zeit für das erste kühle Getränk und die Überlegung, wo man zu Abend isst.

The Standard hat man vielleicht schon während der Kanaltour gesehen, es ist ein ♥ türkiser Pavillon zwischen Knippelsbro und der Bibliothek, der ein wenig an ein Schwimmbad aus den 50ern erinnert. Der Eindruck täuscht, in den drei Restaurants wird ♥ vorzügliche Küche serviert, die man mit einem kleinen Jazzkonzert kombinieren kann. Reservierung ist unbedingt empfohlen! Bekommt man keinen Tisch mehr, darf man vielleicht ein Glas Wein auf der Terrasse bestellen.

Schöne Lage am Hafen

Jazzmenü

Manfred's heißt eine Weinbar mit kleiner Karte, die zum **Relæ** gehört. Beide liegen sich gegenüber in der Jægersborggade in Nørrebro. Das Essen ist hochwertig, die Portionen eher etwas für den kleinen Hunger. Sehenswert ist der begehbare Weinkühlraum, dessen Schätze man auch außer Haus bekommt. Auch im Manfred's muss man einen Tisch vorbestellen.

Das **Kadeau** ist eine Liebeserklärung an Bornholm, wo das Restaurant eine fantastische, einsame Lage am Strand von Sømarken hat. In Kopenhagen ist die Aussicht in Christianshavn nicht ganz so berauschend, aber das Essen ebenso köstlich und die Zutaten werden alle ♥ frisch aus Bornholm importiert. Beide Restaurants sind Michelin-gekrönt.

Der wunderschöne Garten und die prächtige Wandbemalung fallen bei **Mielcke & Hurtigkarl** links vom Haupteingang des Frederiksberg Parks sofort ins Auge.

Restaurant als Gesamtkunstwerk

Die Menüs heißen ♥ Metamorphose oder ♥ Experience – ein besonderes Erlebnis ist das Lokal auf jeden Fall.

Traditionelle Küche am Abend

Viele der ♥ Smørrebrødsrestaurants servieren auch Abendmenüs, dann gibt es aber keine belegten Brote, sondern andere Gerichte. In allen gehobeneren Restaurants bestellt man ein Menü, einzelne Speisen gibt es oft gar nicht.

Gut und günstiger essen

Anders im **Madklubben**, einer Kette mit vielen Filialen in und um Kopenhagen, die ♥ beliebte und gute Küche bieten. Es gibt kleine und große Speisen, aber auch Menüs, ganz nach Wunsch.

Place to be

Im ♥ Kødbyen, dort wo früher die Fleischgroßhändler ihre Waren verteilten, hat sich ein neues ♥ gastronomisches Zentrum entwickelt, das nicht durch schöne Gebäude oder gar beste Aussicht glänzt, aber ungemein hip ist. Die **Fiskebar** und das **Musling Bistro** gehören zusammen und bieten beide gute Küche und köstliche Weine.

Lange Öffnungszeiten

Im ♥ BOB werden Speisen aus biologischem Anbau serviert.

Pizzeria Mother

Im Gegensatz zu den meisten Restaurants der Stadt schließt hier die Küche nicht schon um 21 Uhr, sondern erst um 23 Uhr. Das Musling Bistro ist in Nørrebro, es hat nur in der Woche auch abends geöffnet und serviert eher kleine Delikatessen. Pizzafreunde sollten unbedingt bei **Mother** einkehren.

Im Zentrum findet man eine ganze Reihe bekannter und ganz guter Bistros oder Cafés, wo man auch essen kann. Das **Café Europa**, das **Café Norden**, das **Café Victoria** sind nur einige der Lokale, die immer wieder genannt werden. Man kann hier nicht viel falsch machen. Es werden typische Gerichte wie Burger, Sandwiches und auch Salate serviert und man sieht die Menschen auf der Fußgängerzone flanieren. Alles gediegene Speiselokale, aber hier zahlt man auch die Lage und nicht nur die Qualität.

Zeit für den gemütlichen Teil des Abends

Nach dem Essen füllen sich die ♥ Cocktailbars mit Leben. Die beste Adresse der Stadt ist das **Ruby** am Gammel Strand. Es leistet sich nicht mal ein Türschild. Wer hier bedient werden möchte, muss schon wissen wo es hineingeht. Im Dunkeln kann man es erahnen an der gemütlichen Beleuchtung,

Cocktailbar Lidkoeb

die durch die hohen Sprossenfenster auf die Straße fällt, im Hellen hilft die Hausnummer 10, es ist ein weißes Gebäude mit einer Flagge über der Eingangstür.

Cocktailkreationen auf Dänisch

Der gleiche Besitzer betreibt noch eine verborgene Bar: das **Lidkoeb** in Vesterbro. Es versteckt sich auf einem Hinterhof an der Vesterbrogade, naeh dem großen Supermarkt Føtex. Mindestens so geheimnisvoll sind die Namen der Drinks, die hier von gut gebauten Naturburschen serviert werden: ♥ Røde Hest, ♥ Nordsø Cola oder ♥ Hipster Kaffe sind keine Klassiker aus New Yorker Hotelbars, sondern Eigenkreationen, deren Namen die dänische Heimat ehren. Die Kellner helfen gern bei der Auswahl! Der Eingang ist rechts im Hof, links kann man den Abend unter bunten Lämpchen im Freien verbringen.

Auf kuscheligen Fellen, die lässig über die schon etwas angeschrammte Ledermöbel geworfen sind, sitzt man in der Bar von **Cock's & Cows** am Gammel Strand. Oben werden Burger serviert, ebenso wie in drei weiteren Filialen des Lokals. Die Kellerbar am Gammel Strand ist aber die gemütlichste von allen.

50 verschiedene Portweine á la carte

Die einzige, reine ♥ Portweinbar außerhalb von Portugal, zumindest verspricht das der Besitzer, ist die **Portvinsbaren** in Vesterbro. Das Lokal ist schick, aber dennoch irgendwie retro und sehr heimelig. Hier gibt es neben den köstlichen Portweinen nur noch Wasser und einen kleinen Imbiss zum Porto. Ein ♥ Probierangebot mit drei verschiedenen Sorten macht Lust auf mehr von dieser Spezialität, allerdings sind die Preise dafür vergleichbar mit einer ganzen Mahlzeit beim Lieblingsitaliener zuhause. Doch wie sagte der berühmte Portweinproduzent Croft: „Any time not spent drinking port is a waste of time“.

Drei Portweine zum Kennenlernen

Bier ist nicht gleich Bier, und so sollte man in den ♥ Bierbars von **Mikkeller** nicht einfach ein „Øl“ bestellen – man würde auch erstmal keins bekommen. In diesen Bars gibt es ungefähr ♥ 20 unterschiedliche Biersorten von verschiedenen Brauereien, auch von der eigenen **Mikkeller Brewery**, die in einer Art Weinglas serviert werden. Bevor man sich entscheidet, darf man an der Bar auch kosten. Die meisten Biere schmecken nicht einmal entfernt wie ein Pils und die Unterschiede erinnern an die Vielfalt guter Weine, was auch eine der Ideen für die Gründung der Brauerei war. Mikkeller ist mit mehreren Lokalen in der Stadt vertreten. Man sitzt an langen Tischen recht eng beieinander und lernt so vielleicht den ein oder anderen Tischnachbarn kennen.

Neue dänische Braukunst

Zwei andere Mikrobrauereien, die auch ♥ alkoholfreie Getränke brauen, schenken im **Brus** aus. In einer ehemaligen Lokomotivenhalle gegenüber der Bäckerei **Mirabelle** in Nørrebro ist ein Projekt entstanden, das sich dem Genuss in vielfältiger Form verschrieben hat. Einmal im Monat bietet das Brus ♥ geführte Genießertouren an.

Alkoholfreie Braukunst

Mein Tipp

Einen bunt beleuchteten, romantischen oder auch aufregenden Abschluss des Tages verspricht der **Tivoli**. Er hat im Sommer bis 24 Uhr geöffnet, am Wochenende sogar bis 1 Uhr, so dass der Mitternachtsgong vom Rathausturm den Heimweg einläutet. Nachts ist der Tivoli **wunderbar illuminiert**. In den verborgenen Nischen zwischen den Bänken hängen bunte Laternen, die Fahrgeschäfte schleudern ihre Gäste mit leuchtenden Sitzen in die Höhe und im See spiegelt sich die ganze Pracht.

Kneipenbummel – Kneipen und Raucherbars

Was wäre eine Hafenstadt ohne düstere, verräucherte Spelunken mit Musik und schrägen Vögeln an der Bar! Eigentlich ist das pure Sozialromantik, denn die Seeleute von heute haben wohl kaum noch Zeit, sich in Hafenkneipen rumzutreiben und zumindest in Kopenhagen sind die urigsten Kneipen nicht mal am Hafen.

Der Kneipenbummel durch Kopenhagen ist etwas für Freunde von gemütlichen Kneipen mit Musik und für Biertrinker, die gern mal was Neues ausprobieren. Da es überwiegend Raucherbars sind, eignen sie sich nicht unbedingt für empfindliche Nasen. In diesen Bars lernt man eine andere Seite der Stadt kennen und erlebt dänische Gemütlichkeit, die auch zum Begriff „hygge“ gehört. Das Preisniveau liegt meist über dem, was man aus einer Eckkneipe in Deutschland kennt, dafür sind diese Bars aber oft wesentlich hübscher als die meisten deutschen Kneipen. Viele Bars schmücken sich mit einem mehr oder weniger berühmten Gemälde als Erkennungszeichen.

Die **Bo-Bi Bar** (€€) in der ♥ Klareboderne erkennt man an dem Blechschild mit einem weißen Hündchen über der Tür. Vielleicht ein Hinweis für besonders hundefreundliche Gastronomie, ab und an sitzen Hunde hier sogar mit am Tisch. Auf dem Tresen steht ein Glas mit gekochten Eiern, die Spezialität des Hauses ist ein ♥ Ei zum Bier, mit Senf und etwas Salz serviert. Das passende Plakat dazu hat der Maler Peter Kjær-Andersen gestaltet. Es hängt am Eingang und kann auch im Internet bestellt werden. Ein Ei gilt wohl nicht als Essen, denn geraucht wird hier trotzdem. Die Einrichtung und die barocken Tapeten erinnern an ♥ Omas gute Stube, weit entfernt von skandinavischen Designs.

Omas Soleier

Charlie's Bar (€€) in der ♥ Pilestræde ist ein winziger, ♥ englischer Pub, den man nicht auslassen darf auf einer Kneipentour durch Kopenhagen. Im Sommer wird das Fenster zur Straße geöffnet, so kann man draußen stehen und dennoch teilhaben an der tollen Atmosphäre im Inneren. Das Bier ist vorzüglich. Nicht nur die Auswahl der Biersorten beeindruckt, auch die Qualität ist preisgekrönt. Charlie's Bar wurde von ♥ Cask Marque ausgezeichnet, das Siegel steht für eine vorzügliche Qualität des gezapften Bieres.

Preisgekrönt von cask-marque.co.uk

Café Hvide Lam (€€) am ♥ Kultorvet hat schon über 200 Jahre auf dem Schafspelz, das Lokal wurde 1807 eröffnet. Wenn man die drei Stufen zum Lokal vor 16 Uhr hinabsteigt, bekommt man noch kleine Speisen zum Bier serviert, geraucht wird hier erst abends. Ab und an finden ♥ Jazzkonzerte statt, die keinen Eintritt kosten. Stattdessen sind an solchen Abenden die Getränke etwas teurer. Die Stimmung ist laut und fröhlich. Wer es etwas ruhiger mag, kann sich an der Bar in eine Ecke verkrümeln. Das ♥ weiße Lamm war übrigens das Erkennungszeichen für dieses 1754 erbaute Gebäude, weil es zu der damaligen Zeit noch keine Hausnummern gab. Heute ist es Hausnummer 5, das Lamm und damit der Name der Bar sind als Andenken an die damalige Zeit geblieben.

Gratis Jazzkonzerte

Det hvide lam

Fankneipe des FC Liverpool

Zigarren im Angebot

Ins **Musen og Elefanten** (€€) in ♥ Vestergade darf man erst mit 20, Schule schwänzen kann man hier also nicht. Dafür treffen sich die ♥ Fußballfans vom FC Liverpool zwischen Maus und Elefant, um ihre Mannschaft zu feiern oder zu bedauern. In der oberen Etage gibt es einen kleinen, offenen Innenhof und einen begehbaren ♥ Humidor, in dem der Chef seine Zigarrenschätze aufbewahrt. Unten am Kamin ist es allerdings gemütlicher. Wenn die Bar öffnet, werden die pastellgrünen Holzläden vor dem Kellereingang aufgeklappt. Sind diese Läden geschlossen, könnte man es wegen der kleinen Elefanten- und Mauszeichnung fast für einen Spielzeugladen halten.

Hausgemachter Gløgg ab 11.11.

Zur Winterzeit serviert **Hviids Vinstue** (€€€) am ♥ Kongens Nytorv eine besondere Spezialität: ♥ Gløgg nach Art des Hauses. Das Gebäude stammt aus dem 17. Jahrhundert, als am Nyhavn noch Matrosen ihre Schiffe beluden, das Gløgg Rezept ist von 1954. Die Aussicht auf den eigentlich schönen Platz ist durch die Metrobaustelle derzeit eher fad, drinnen ist es dafür im Winter brechend voll, denn der heiße Gløgg ist ein beliebter Feierabend-Drink. Geraucht wird nur im hinteren Raucherzimmer.

Schöne Dekoration

Häppchen zum Bier

Gar nicht mehr rauchen darf man seit Kurzem in der **Palæ Bar** (€) einige Meter weiter in der ♥ Ny Adelgade. Es ist ein schönes Traditionslokal mit einer unglaublichen ♥ Sammlung alter Blechschilder an den Wänden. Das Rauchen wurde verboten, weil es hier schon immer einfache ♥ Smørrebrød für kleines Geld gibt. Irgendwann kam das Gesundheitsamt dahinter und die Bar entschied sich für Smørrebrød und gegen Rauch. Dazu läuft leise Jazzmusik, ab und an treten auch Livebands auf.

Bier für wenig Geld

Die **Eiffel Bar** (€) in der ♥ Wildersgade in Christianshavn serviert das ♥ billigste Bier der Stadt, zumindest tagsüber. Vielleicht liegt es an der Nähe zu Christiania, vielleicht aber auch daran, dass die Bar eine eigene Hausmarke mit ♥ Eiffel Bar-Etikett verkauft. Der mit wunderbarem Eiffelturm-Kitsch

dekorierte Schaukasten vor der Tür wird passend zur Jahreszeit gestaltet. Postkarten mit dem Bierflaschen-Eiffelturm bekommt man an der Bar.

Noch kitschiger, so dass es fast weh tut, ist die Dekoration im **Jernbanecafeen** (€€), wo es eventuell auch Kaffee gibt, aber dann vermutlich mit einer kleinen Dosis Rum angereichert. Die Bar in der ♥ Reventlowsgade macht ihrem Namen alle Ehre, denn die Dekoration besteht zum Großteil aus ♥ Souvenirs zum Thema Jernbanen, Eisenbahn, und man findet sie direkt hinter dem Hauptbahnhof. Man erkennt schon von außen, was einen im Inneren erwartet: Ein buntes Gemisch aus Schlagermusik, lustigen Gästen, die laut mitsingen und ein paar schrägen Vögeln, die perfekt zum grellen Äußeren der Bar passen. Diese Bar ist ein Muss – zumindest muss man sie gesehen haben.

Eisenbahnkitsch in Mengen

Gleich um die Ecke beginnt die ♥ Istedgade, bis vor wenigen Jahren eine Seemanns- und Rotlichtmeile. Inzwischen findet man hier vor allem schicke Restaurants und angesagte Bars. Das **Simpelt V** (€€€) ist eine neuere Bar, die von der Atmosphäre an eine alte Bodega erinnert. Die ziemlich laute Musik passt zum schwarzen Äußeren – ♥ Rockmusik in allen Variationen. Montags kann man alle 14 Tage beim Tablequiz rund ums Thema Rockmusik sein Wissen mit anderen

früher Rotlichtmeile, heute Szeneviertel

Lauter Klassik Rock

Værtshuset Pinden

messen. Voraussetzung für die Teilnahme sind englische Sprachkenntnisse und eine Anmeldung im Internet.

Französisches Plakat von 1896

Tradition beim Würfelspiel

Regelmäßige Bluegrass- und Blues-Sessions hört man im **Værtshuset Pinden** (€€), einer traditionellen Bar an der Reventlowsgade, nicht weit vom Jernebanencafeen entfernt. Das Gemälde mit einer etwas finster blickenden schwarzen Katze, einst als Plakat ♥ Le Chat Noir von Théophile-Alexandre Steinlen für das Kabarett am Montmartre geschaffen, ist das Erkennungszeichen des Pinden. Viel spektakulärer als die Katze sind die ♥ großen Wandbilder aus dem 19. Jahrhundert. Sie wurden in Frankreich gedruckt und zeigen Landschaftsmotive aus Nordamerika. So ganz sicher weiß niemand, wie diese Bilder ins Pinden kamen. Livemusik gibt es immer donnerstags und freitags. Das Lokal hat keine Bühne, die Musiker sitzen mitten zwischen den Tischen und man muss sich auf dem Weg zur Theke vorbeischlängeln. Der Name ♥ Pinden stammt übrigens nicht vom Getränkemaß Pint ab, sondern es bezeichnet die Streichhölzer, die man beim Würfeln sammelt – wenn man verliert. Für den zweiten „pinden" wird man mit der Rechnung für alle Mitspieler belohnt.

centralhjornet.dk

Weihnachtsschmuck der Superlative

Das **Centralhjørnet** (€€) ist ein Ecklokal am ♥ Kattesundet, einer Partymeile in der Innenstadt. Hier wird dekoriert, was das Zeug hält! Zur Weihnachtszeit, die hier schon Mitte November beginnt, öffnet in der oberen Etage am Wochenende ein ♥ Weihnachtsmarkt, wo man Weihnachtskitsch in allen Farben bekommt. Das Centralhjørnet nennt sich selbst ♥ Europas älteste Schwulenbar, das Publikum ist aber gemischt. Zu jeder Jahreszeit wird neu geschmückt, nicht mit verstaubtem Retro-Tand, sondern eher modern, dennoch schön kitschig.

Recht eng ist es im **Café Intime** (€€), darauf deutet schon der Name hin. Früher trafen sich die Herren zu intimen Rendezvous im Hinterzimmer, daher vielleicht der Name. In der Bar finden regelmäßig ♥ Jazzkonzerte statt, auch Newcomer dürfen sich hier für einen Auftritt anmelden. Das Intime ist mit seinen roten Wänden und vielen glitzernden Kerzen und Lämpchen sehr gemütlich. Es liegt etwas verborgen an der ♥ Allégade neben dem Rathaus Frederiksberg.

Bühne für junge Jazzkünstler

Auf dem Rückweg in die Innenstadt kann man am ♥ Gammel Kongevej noch einmal in die **Vinstue 90** (€€) einkehren. Eine Weinstube ist es nur dem Namen nach, es gibt vor allem Bier und Rauch und sehr bequeme, alte Kneipenstühle. Ein gezapftes Bier braucht bis zu 15 Minuten, sagt die Tradition, also bringt man besser Zeit und Muße mit! Dafür hat die Bar aber auch in der Woche bis weit nach Mitternacht geöffnet.

vinstue90.dk

♥ Feiern bis zum Morgengrauen kann man anschließend in **Andy's Bar** (€) in der ♥ Gothersgade. Das Lokal wurde 1930 gegründet und war ursprünglich ein Restaurant mit dem Namen Strøg Cafeen. Nach dem Zweiten Weltkrieg entwickelte es sich zu einem Lieblingslokal der amerikanischen Soldaten, die lieber trinken als essen wollten. Aus dem Restaurant wurde Andy's Bar, in der noch heute bis morgens um 6 Uhr die Getränke fließen. Die ♥ auffällige Fassade ist nicht zu übersehen! Das berühmte Wandgemälde mit einer Frau, die ihre Wäsche verliert, hat der eher unbekannte Künstler Tage Hansen gemalt. Populär wurde das Bild erst, als die dänische Rockband ♥ Gasolin es für ihr Album-Cover verwendete. Die Band fragte den Maler zunächst nicht einmal um Erlaubnis, angeblich bekam er später zwei Alben als Lohn geschenkt. Das Bild wurde 2010 sogar als Motiv für eine dänische Briefmarke gewählt, um die Band zu ehren. Deren Lieder kann bis heute jeder Däne mitsingen, es war und ist die berühmteste dänische Rockband aller Zeiten.

längste Öffnungszeiten

Bekannteste Band Dänemarks

KNEIPEN

Smørrebrød Guide für Kopenhagen

Smørrebrød, smørrebrød røm pøm pøm – schon die Muppets wussten dieses typisch dänische Mittagessen zu würdigen! Man geht einfach in eins der gemütlichen Lokale und lässt sich drei oder vier kunstvoll belegte Brote mit passendem Snaps servieren. Vorher sollte man allerdings wissen, wo die Brote am besten schmecken, wer die größte Auswahl bietet und wie viele Sorten Snaps als Begleitung ausgeschenkt werden. Wir haben die bekanntesten und auch einige nicht so bekannte Restaurants in Kopenhagen getestet.

Restaurant Lumskebugten

Das Restaurant **Lumskebugten** an der Esplanaden versteckt sich zwischen dem Mærsk-Gebäude und dem Königlichen Seekartenarchiv am Hafen – maritimer geht es kaum! Trotz der Nähe zur Kleinen Meerjungfrau und anderen Touristenattraktionen ist man im Lumskebugten unter sich. Vom belebten Weg an der Kaimauer ist das Lokal nicht zu sehen. Auf der sonnigen Terrasse speisen mittags Geschäftsleute aus der Umgebung, gut situierte Ehepaare oder Familien, die Omas runden Geburtstag feiern. Innen stehen zwei größere Tische in je einer gemütlichen Nische und mehrere Tische im mittleren Raum. Die schönsten Plätze bietet der Außenbereich. Die ♥ Küche und die Atmosphäre sind gehoben, ebenso die Preise. Man denkt an hanseatische Kaufmannstradition. Das unterstreichen die weißen Terrassenmöbel unter dunklen Markisen, die auch ein paar Regentropfen abhalten. Innen ist zumindest die Deko moderner mit Möhrchen und Brokkoli als Tischdekoration und Kunstdrucke an den Wänden. Trotzdem wirkt das Ambiente konservativ, selbst die Kellner in weißem Hemd mit Weste sind etwas steif. Das Essen ist sehr lecker, wenn auch nicht herausragend. Keine Experimente, sondern ♥ klassische Smørrebrød-Variationen aus besten Zutaten. Ein Smørrebrød kostet ab 11 € aufwärts, ein Menü mit zwei Gerichten gibt es für 300 DKK (40 €). Wer nach Wasser fragt, bekommt eine Flasche Mineralwasser serviert, ganz ungewöhnlich in einem Land, in dem Leitungswasser Nationalgetränk ist. Mittwochs und samstags ist das Restaurant zusätzlich abends geöffnet, dann selbstverständlich ohne Smørrebrød und noch ein bisschen teurer.

Fazit: Für Liebhaber der hanseatisch-königlichen Tradition eine gute Wahl! Für ein schnelles Mittagessen fast zu schade, ins Lumskebugten geht man auch, um die Atmosphäre zu genießen, nicht nur zum Essen.

Restaurant Schønnemann

Wer dänische Brände liebt, ist im **Restaurant Schønnemann** gut beraten. Kein Lokal bietet zum Smørrebrød eine so ♥ überwältigende Auswahl an Aquavit und Bier. Laut Karte kann man zwischen 110 Schnäpsen und 19 Sorten Bier wählen – skål. Viele Akvavit-Sorten sind auf der blank polierten Theke ausgestellt, aber die kompetente Bedienung weiß am besten, welcher Belag zu welchem Snaps passt – oder umgekehrt. Das ♥ Ambiente ist typisch für ein Smørrebrød-Lokal. Holzverkleidete Decken, weiße Tischtücher, gestärkte Servietten, alte Messinglampen und Porzellan von Royal Copenhagen. Die Adresse am **Hauser Plads** mitten in der Altstadt ist perfekt, ein ruhiger Platz mit etwas Grün und Spielgeräten, nah dem Kongens Have. Eine Verdauungspause kann nach einem Mahl im Schønnemanns erforderlich sein, nicht nur wegen der vielen Schnäpse. Die ♥ Portionen sind so groß, dass man für den Rest des Tages satt ist. Drei Gänge schafft nur ein geübter Esser! Die Stimmung im Lokal ist laut und lebhaft,

Smørrebrød ist hier etwas für die Lebensfreude. Die Bedienung war sehr flink, gescheit und äußerst kompetent, das Essen war sehr üppig und sehr lecker. Keine Experimente, sondern eine große Auswahl von Hering über Fleisch bis zum Käse. Die Preise reichen von 10 € für ein Heringsgericht bis 22 € für feinstes Tartar. Menüs werden nicht angeboten, hier muss man selber wählen oder sich beraten lassen.

Um hier zu speisen, sollte man einen Tisch reservieren. Es gibt zwei Zeitfenster: 11.30 Uhr - 14.00 Uhr und 14.14 Uhr - 17.00 Uhr, die Küche schließt um 15.30 Uhr. Danach gibt es nur noch Getränke.

Fazit: Ein wirklich gut besuchtes Traditionslokal mit super Service, dänischer Gemütlichkeit und üppigem, schmackhaftem Essen – wer ein Candlelight Dinner plant, ist hier fehl am Platz. Alle anderen werden satt und zufrieden in den Nachmittag starten.

Restaurant Kronborg

Mit dem mächtigen Schloss Kronborg in Helsingør hat das kleine Restaurant Kronborg nur den Namen gemein – und natürlich den festen Platz in der dänischen Tradition. Ob Prinz Hamlet allerdings mittags Smørrebrød gegessen hat, ist nicht verbindlich überliefert. Kronborg ist ein guter Tipp für alle, die dänisch und bodenständig speisen möchten. Zum Lokal an der **Brolæggerstræde**, Ecke Knabrostræde führen ein paar Stufen hinunter. Die Lage in der Altstadt nah dem Nytorv ist zentral und doch ein bisschen versteckt. Damit man nicht versehentlich am Eingang vorbei läuft, zeigen zwei dänische Flaggen, wo es die Stufen hinab geht. Im Kronborg treffen sich alte Freunde auf ein Mittagessen, Geschäftspartner ohne Anzug oder hungrige Menschen mit Lust auf dänische Kost. Die Einrichtung ist traditionell: weiße Wände mit vielen Bildern, Holzbalken und ein rustikaler Kamin, in der Gaststube kleine Tische mit weißen Tischdecken und blau-weißem Geschirr von Royal Copen-

hagen. Im Eingangsbereich begrüßt den Gast eine hölzerne Theke, wo frisches Bier gezapft und Akvavit eingeschenkt wird. Die ♥ gemütliche Atmosphäre ist ein bisschen schummrig und verspricht eine ruhige Auszeit, wenn man sich vom Großstadttrubel erholen muss. Die Karte kommt angenehm überschaubar daher. Sie bietet alles, was ein ♥ klassisches Mittagsmenü braucht: erst Hering, dann Fisch, anschließend Fleisch, ein bisschen köstlichen Käse und ein Dessert des Tages. Dazu eine Getränkekarte mit Bier aus Nørrebro, Akvavit nach Art des Hauses aus Aalborg oder, als eine besondere Spezialität, von Schumachers, einer kleinen Destillerie aus Vejby im Norden von Seeland. Je nach Jahreszeit wird die Karte um Angebote auf einer Tafel erweitert. Aber nur als Smørrebrød, wie es sich gehört für ein „Dansk Restaurant".

Fazit: Im Kronborg bekommt man zu einem vernünftigen Preis sehr gutes Essen, man hat auch nicht den Eindruck, dass sich daran in den nächsten Jahren etwas ändern könnte!

Restaurant Færgekroen im Tivoli

♥ Smørrebrød und Tivoli sind zwei Kopenhagener Attraktionen, die unbedingt zusammengehören. Die erste Smørrebrød-Speisekarte, sogenannte ♥ smørrebrødsseddel, wurde 1888 im Restaurant Nimb ausgelegt. Das Nimb steht noch heute als Tor zum Tivoli, ein luxuriöser Hotelbau, der ein wenig an ein Märchen aus Tausend und einer Nacht erinnert, perfekt als Einstieg in die märchenhafte Welt des Tivoli! Über die heutige Smørrebrødauswahl im Nimb können wir nichts sagen, wir haben zunächst den urigen **Færgekro mit Bryghus** am Tivolisee

besucht. Der Færgekro, Fährhaus würde man auf Deutsch sagen, ist das ♥ am besten gelegene Restaurant im Tivoli. Man sitzt auf der Terrasse über dem romantischen See mit Blick auf ein Piratenschiff, viel Grün und die schwindelerregenden Fahrgeschäfte im hinteren Teil des Parks. Das Restaurant mit eigener Brauerei (dem Bryghus) besteht aus mehreren Gebäuden, in denen man je nach Laune am weiß gedeckten Tisch im Kaminzimmer oder etwas schlichter im Bistrostil in einer Art Wintergarten am Wasserrad speisen kann – und natürlich auf der Terrasse. Da der Tivoli nur im Sommer, zu Halloween und zu Weihnachten geöffnet hat, ist ein Besuch im Færgekro auch nur zu diesen Zeiten möglich und ♥ erfordert eine Eintrittskarte für den Park. Das Bier, besonders das „Amber“, schmeckte überaus lecker, das rechtfertigte den stolzen Preis von 9 € für einen halben Liter. Die ♥ kleine Auswahl an Smørrebrød bietet alle Klassiker der Tradition und die ♥ Portionen sind umso größer. Alles war sehr frisch, schön dekoriert und machte Lust auf den nächsten Gang – auch wenn mehr als zwei fast nicht zu schaffen waren. Die Snapsauswahl bietet unter anderem Brände von Braunstein, einer Mikrobrauerei und Destillerie am Hafen von Køge, südlich von Kopenhagen. Als Highlight zum Kaffee gab es kleine ♥ Schokohäppchen am Kamin.

Fazit: Der Færgekro hat uns bisher am meisten begeistert. Es ist ♥ kein Touristenlokal, auch wenn man das durch die Lage in einem Freizeitpark zunächst denken könnte. Es ist eine Oase im Grünen, mitten im Zentrum einer Großstadt, die den Spagat zwischen Brauhaus-Atmosphäre und feinster Küche mit Leichtigkeit zelebriert. Abends kann man sich hier auch bei Kerzenschein Menüs servieren lassen. Unbedingt besuchen!

Restaurant Koefoed

Wer schon einmal auf Bornholm war, dem kommt der Name Koefoed vielleicht bekannt vor. So wie Schmidt in Hamburg oder Huber in München ist Koefoed ein typischer Familienname auf der Insel Bornholm. Somit wird auch klar, was das Koefoed bietet: ♥ Smørrebrød mit Bornholmer Zutaten, Bornholmer Dekoration und Bornholmer Getränken. Nicht die schlechteste Kombination, denn die Insel ist bekannt für ihre Schönheit, ihre kulinarischen Leckerbissen – und auch für ihre Sonnenstunden. Das Koefoed ist ein ♥ Smørrebrød-Lokal der jüngeren Generation. Die Tradition der belegten Brote wird hier neu interpretiert, die schöne, helle Einrichtung ist modern, aber dennoch irgendwie klassisch und traditionell verwurzelt. Das Lokal liegt im Tiefparterre, hat aber auf Fußwegebene auch ein paar schöne Außensitzplätze. Die Lage am **Landgreven**, einer grünen Allee zwischen der Store Kongensgade und Borgergade, ist sehr zentral und trotzdem erholsam für eine Mittagspause.

Erstaunlich ist es, wie konsequent ♥ Bornholm die Einrichtung bestimmt. Die polierten Granitbrettchen, auf denen das Essen serviert wird, haben die Form der Insel, großflächige Fotografien an den hell verputzen Wänden bringen die Stimmung der Insel in den Keller und die kleinen Rundkirchenmodelle in jeder Ecke wirken hier gar nicht kitschig. Die Küche ist zum Vorraum hin offen, man darf den Köchen gern mal über die Schulter schauen und der große, begehbare Weinschrank macht Lust auf mehr als das gute Bier. Das Bier stammt natürlich vom Svaneke Bryghus in Svaneke, exklusiv für das Koefoed gebraut in verschiedenen Geschmacksrichtungen. ♥ Sol over Gudhjem heißt hier nicht nur das berühmte Heringsgericht, sondern auch das passende Dunkelbier dazu. Die belegten ♥ Smørrebrød sind eine Augenweide, das hausgebackene Brot ein Genuss und die jungen Kellner waren aufmerksam und freundlich. Spannend wurde es zum Dessert. Die Rød Grød med Fløde sah eher aus wie das, was kleine Kinder liebevoll im Sandkasten für Mutti zubereiten –

aber geschmeckt hat es vorzüglich! Das Obst war noch grün, aber aromatisch, die Sahne wurde zu leckeren Streuseln gefriergetrocknet und die eigentliche rote Grütze gab's als Soße dazu.

Fazit: Das Koefoed ist ein Vertreter der ♥ modernen skandinavischen Küche, sowohl vom Interieur als auch vom Essen her. Die Zutaten sind sehr hochwertig, vieles kommt aus Bornholm, auch die Getränkeauswahl. Wer ein bisschen mehr ausgeben mag und lieber leicht und köstlich als nur deftig und sättigend speisen will, bekommt im Koefoed ein traditionelles Mittagsmahl in neuem Anzug. Abends werden hier Menüs serviert, die aus bis zu acht Gängen filigraner Köstlichkeiten bestehen.

Restaurant Hansens Gamle Familiehave

Ein ♥ Familiehave, auf Deutsch Familiengarten, war und ist ein typisches Ausflugslokal im Grünen, in dem sich die ganze Familie am Wochenende zum ausgiebigen Mittag trifft. Das Essen würde man wohl ♥ Hausmannskost nennen. Sterneküche bekommt man nicht, dafür eine lebendige Atmosphäre im Grünen. Es ist kein Biergarten, sondern ein befestigtes Restaurantareal mit einem Dach, dass sich beliebig öffnen lässt. Für kalte Tage gibt es auch einen Innenbereich im alten Fachwerkgebäude. Am **Frederiksberg Have** findet man drei dieser Traditionslokale nebeneinander, trotzdem sollte man gerade im Sommer einen Tisch für mehr als zwei Personen vorbestellen. Das Essen ist ein bisschen so wie die Stimmung, tatsächlich familiär, aber so ganz wie bei Muttern schmeckte es uns leider nicht. Das Ambiente erinnerte an Omas Terrasse oder Opas Waldschänke: karierte Tischdecken,

Hängeampeln mit üppigen Blumen und bunte Lichterketten über den Tischen. Die Karte verspricht alle bekannten Smørrebrødvariationen, es waren aber eher bunte Platten, mit verschiedenen Zutaten in kleinen Schälchen angerichtet, keine klassischen Brote. Man wurde satt und es schmeckte auch ganz gut, aber nicht so herausragend, wie wir es in anderen Lokalen erlebt haben. ♥ Gute Mittelklasse in schöner Umgebung.

Fazit: Wer gern in der Pizzeria um die Ecke oder bei seinem Lieblingsgriechen essen geht und etwas Vergleichbares in Kopenhagen sucht, wird in einem Familiehave fündig. Nicht wegen des Essens, Pizza gibt es natürlich nicht, sondern weil die Atmosphäre und die Qualität der Speisen ähnlich ist. Keine Experimente, einfach und überschaubar, aber gut zum Sattwerden. Mit der passenden Bier- und Snapsbegleitung hatten wir eine sonnige und lustige Mahlzeit.

Restaurant Told & Snaps

„Zoll und Schnaps", das klingt ein wenig nach einer alten Zollstation, in der sich die Grenzgänger mit Alkohol freikaufen konnten. Dabei wurde das Lokal an der Toldbodgade erst im Jahr 2000 eröffnet. Snaps gibt es dennoch mehr als reichlich, der Küchenchef höchstpersönlich aromatisiert die klaren Brände mit allerlei Gewürzen, so dass es zu jedem Smørrebrød den passenden, hausgemachten Schluck gibt. Die Smørrebrødauswahl ist traditionell und überschaubar, auf dem „smørrebrødsseddel" sind vierzig verschiedene Brote aufgelistet, dazu gibt es noch ein bisschen Käse und die klassischen Desserts ♥ Æblekage (Dänisches Apfeldessert mit Sahne) oder ♥ Ris a la mande (Mandelreis). Die Lage in einer Seitenstraße vom Nyhavn ist so zentral, da hier viele Geschäftsessen stattfinden, man tut gut daran, einen Tisch zu reservieren. Die Einrichtung mit Holzpaneelen an den Wänden und alten Fotografien der dänischen Königsfamilie ist gemütlich und ein bisschen eng, wie es sich für ein traditionelles Kellerlokal gehört. Die Speisen waren traditionell zubereitet, nicht überragend, aber gut und die Preise durchschnittlich. Ganz besonders war die junge Kellnerin, die uns sachkundig, flott und sehr freundlich bediente, allein sie war den Besuch bei **Told & Snaps** wert!

Fazit: Gute, zentrale Lage, gehobenes, aber nicht übertrieben edles Ambiente, tolle Bedienung und reiche Snapsauswahl. Das Essen war gut, allerdings sagten unsere Begleiter, die hier schon oft zu Gast waren, dass sie es schon besser erlebt hatten. Da geht also noch was!

Restaurant Bjælkehuset

Das **Bjælkehuset**, Balkenhaus, ist genau das, was der Name verspricht: Eine ♥ Blockhütte im Park Søndermarken, kurz vor der alten Carlsberg Brauerei. Das Essen und auch die Präsentation der verschiedenen Smørrebrød ist ganz traditionell wie in einem Familiehave, ein metallener Halter für die Snapsgläser und eine Etagere mit den Speisen wird auf karierten Decken serviert. Das Essen schmeckt gut bürgerlich und ist recht günstig. Herausragend ist die schöne Lage, das Bjælkhuset findet man nicht zufällig. Versteckt zwischen hohen Bäumen und blumenverzierten Hecken steht es an der Valby Langgade, kleine rot-weiße Dannebrog-Fähnchen weisen den Weg. Das Lokal selber ist winzig und die niedrigen Decken wirken durch die erstaunliche Sammlung kitschiger Souvenirs noch tiefer, draußen im Garten ist aber der Himmel hell und die Tische sind großzügig verteilt. Ein ♥ Spielplatz macht den Besuch auch mit Kindern zum Vergnügen und im Sommer werden Getränke auch draußen an der Theke serviert.

Fazit: Das Bjælkehuset ist ein echter Tipp für Besucher, die weit ab vom Stadtgetümmel und Touristenrummel einen dänischen Biergarten erleben wollen. Kinder sind hier im Sommer gut aufgehoben und auch mit Hunden findet man ein Plätzchen auf der Terrasse, zudem ist die Freilaufwiese für Hunde im Park gleich um die Ecke.

Restaurant Klubben

Wer richtig hungrig ist, sollte im **Klubben** am Enghavevej einkehren. Tagsüber zwischen 12 und 17 Uhr wird klassisches Smørrebrød serviert, abends biegen sich dann die Holztische unter der Last der ♥ dänischen Hausmannskost. Stegt Flæsk, gegrilltes Bauchfleisch, oder Gammeldags Oksesteg, Rinderschmorbraten, so viel man essen kann stehen auf der Karte – ♥ hier geht niemand hungrig heim! Auch die einfachen Portionen sind üppig und deftig. Spezialitäten aus alten Zeiten wie Svinehjerter (Schweineherzen in Soße) oder Frikadellen in allen Variationen, klassische Fischgerichte wie Stjerneskud oder Rødspættefilet (gebratene Scholle) kann man mit einer Roten Grütze oder einem üppigen Eisbecher krönen und sogar Salatteller und Eierkuchen türmt der Küchenchef auf die Teller. Das Ambiente ist, nun ja, wie in einem ♥ einfachen Gasthaus, etwas schummrig, bisschen Kitsch, leise Schlagermusik im Hintergrund. Geschäftsessen und Touristengruppen kehren hier eher selten ein. Im Sommer öffnet das Klubben auch einen richtigen ♥ Familiehave nebenan mit weißen Gartenmöbeln aus den 60ern, karierten Tischdecken und einer Hollywoodschaukel.

Fazit: Wer lieber die gute alte Hausmannskost als Molekularküche oder Müsli isst, wird das Klubben lieben. Für Vegetarier und Häppchenesser ist es nicht die richtige Wahl. Das Lokal ist nicht besonders schön, aber auch nicht ungemütlich. Der Schwerpunkt liegt hier wirklich auf Quantität und Tradition statt auf Design oder höchster Qualität. Die Preise sind für die Mengen moderat, die Lage mitten zwischen den angesagten Stadtteilen Frederiksberg und Vesterbro zahlt man sicher mit.

Restaurant Davidsen

Die Familie **Davidsen** ist so etwas wie die Mutter aller Smørrebrødrestaurants in Kopenhagen. Ida Davidens Ur-Urgroßvater, Oskar Davidsen, serviert bereits Ende des 19. Jahrhunderts belegte Brote in seiner Weinbar am Åboulevarden. Sie schmeckten so köstlich, dass er bald im ganzen Land bekannt war. 1965 zog das Lokal um in den Søpavillonen an den Kopenhagener Seen, sicher der schönste Platz für ein Restaurant! Das Lokal musste 1974 schließen, aber Ida gab den Smørrebrødgedanken nicht auf und eröffnete ihr Restaurant am heutigen Standort in der Store Kongsgade. Wer dort ein rustikales Kellerlokal erwartet, wird enttäuscht. Ida Davidsen gehört zu den moderneren Lokalen dieser traditionellen Mahlzeit. Allein, dass man keine Speisekarte, sondern ein Tablet mit Fotos von den Gerichten bekommt, haben wir sonst nirgends erlebt. Früher wählte man die Brote am Buffet aus, aber das scheint nun Geschichte zu sein, ebenso wie der längste Smørrebrødsseddel aller Zeiten, der es ins Guinessbuch der Rekorde schaffte: 140 cm Papier mit einer Auswahl von 178 verschiedenen Broten gab es hier früher.

Etwa 60 verschiedene Gericht sind im Angebot. Ein "Oskar Davidsen Aal", ein Lachsbrot namens "Super Ida" und noch viele weitere Smørrebrød tragen den Namen einer, zumindest in Dänemark, prominenten Persönlichkeit. Wir waren in der Adventszeit dort und hatten typische Weihnachtsgerichte zur Auswahl. Dank der Technik kann man sich alle Gerichte auch vorab im Internet anschauen. Die Brote waren sehr lecker, klassisch und ohne Schnörkel, man bekam genau das, was auf dem Foto zu sehen war. Serviert wurde recht flott, die Bedienung war freundlich und aufmerksam. Das Bier kommt von der Brauerei Krenkerup auf Lolland, was geschmacklich (und preislich) auf jeden Fall das Prädikat "Luxus-Øl" verdient. Für kleinere Geldbörsen gibt es das gute, alte Carlsberg, beide Sorten werden aber nur in Flaschen serviert.

Fazit: Bei Ida Davidsen muss man einmal gewesen sein, wenn man über Smørrebrød in Kopenhagen schreiben will! Das Essen ist nicht spektakulärer als in anderen Lokalen, doch die Auswahl ist groß und die Qualität gut. Die Einrichtung gefiel mir persönlich nicht so, es hat was von den guten alten 80ern, viel schwarz, Teppichböden, nicht so richtig alt, aber auch nicht wirklich modern. Die Akustik war angenehm und man hatte recht viel Platz zum Nachbartisch. Mit dem Essen kann hier nichts falsch machen, das Ambiente ist Geschmackssache.

Christianshavns Færgecafé

Das **Christianshavns Færgecafé** ist ein Schmuckstück im Verborgenen, denn es liegt abseits der üblichen Touristenrouten. Selbst ich habe es erst bei meinem fünften Besuch in Christianshavn entdeckt! Es steht am Kanal zum Jachthafen, hinter dem Dänischen Architekturcenter in einer sehr hyggeligen Ecke. Das weiße Schiff, das vor dem Lokal im Kanal liegt, ist Teil des Restaurants. Wer gern dicht an dicht sitzt, kann dort einen Tisch reservieren und direkt auf dem Wasser speisen. Im Sommer ist es sicher gemütlicher, deshalb haben wir uns im Dezember für die schöne Gaststube auf festem Boden entschieden. Fachwerkbalken, glänzende Kacheln, Kronleuchter - selbst die Tische und Stühle erinnern an die Offiziersmesse auf einem Schiff. Dennoch ist es zwanglos-gemütlich, hell und freundlich. Das Lokal ist eine Mischung aus feinem Restaurant und gemütlicher Kneipe, im Sommer stehen auch an der Kopfsteinpflasterstraße viele Tische zur Auswahl. Durchgangsverkehr gibt es kaum, da die Strandgade als Sackgasse endet. Nur auf dem Kanal tuckert ab und an ein Boot vorbei. Die Lage und das Ambiente sind ganz maritim, die Kellner in ihrem blau-weißen Outfit ebenfalls. Dass unser junger Kellner das ein oder andere vergaß, verzeihen wir als Anfängerfehler im Adventstrubel. Das Publikum war sehr gemischt und es gab auffallend viele junge Gäste.

Mittags wird auch ein mehrgängiges Menü angeboten, wir haben eine klassische Smørrebrødauswahl bestellt, passend zur Jahreszeit mit Julesild und aromatisiertem Snaps, der auf einem kleinen Brettchen als "Snaps Menu" serviert wurde. Die Brote sind üppig belegt, mit verschiedenen gehackten Kräutern garniert und einfach nur lecker. Die Bierauswahl ist vielfältig, diverse Flaschenbiere aus kleinen Brauereien konkurieren mit mehreren Fassbieren und zusätzlich werden immer wieder neue Bier aufgenommen und getestet. Wasser kostet extra, die Säfte variieren je nach Saison. Die kleine Weinauswahl ist erlesen und auch je nach Jahreszeit unterschiedlich. Zum Dessert, das aus einigen köstlichen Petit Fours bestand, haben wir eine Stempelkanne Kaffee bekommen, auch dafür gibt einen Pluspunkt.

Fazit: Definitiv eine Empfehlung! Gemütlich, sehr stimmungsvoll, gute Lage und leckeres Essen. Abends gibt es immer ein Menü und je ein Gericht des Tages für den kleineren Hunger. Ich freue mich schon auf den nächsten Besuch im Sommer!

Mein liebstes Urlaubsland? Dänemark!!!

Mein Herz schlägt für Dänemark, und es schlug immer lauter, je mehr ich von diesem schönen Land erleben durfte. Alles begann für mich 1975 auf einem Campingplatz in Henne Strand und so lag es nahe, mit meiner Trilogie an den Stränden der Nordsee zu beginnen:

Band I – Dänemark für Einsteiger beschreibt die beliebtesten Urlaubsregionen an der Nordseeküste, wo Dünen, Sand und Wellen die Landschaft bestimmen und die südlichen Ostseeküsten und -inseln. Hier wurden schon viele Herzen an Dänemark verloren!

Band II – Dänemark für Kenner entwickelte sich aus meinen Urlauben und Dienstreisen an die nördliche Ostseeküste, meinen Besuchen an Limfjord, Mariager Fjord und dem Seenhochland und nicht zuletzt durch meine Begeisterung für dänische Inseln, angefangen vom kleinen Venø im Limfjord bis hin zur größten aller Inseln, Seeland. Überall gibt es tolle Ferienhäuser. Gerade für Individualisten ist dieses Buch ein guter Ratgeber. Wer „urdänisch" wohnen möchte, findet im Band II viele Anregungen.

Band III – Dänemark für Genießer ist ein Reisehandbuch, das sich nicht nur an Ferienhausurlauber richtet. Umfangreiche Tipps für die Städte Aarhus, Aalborg und besonders Kopenhagen machen bestimmt auch Lust auf einen Städtetrip in diese dänischen Metropolen. Und weil Genuss auf drei dänischen Inseln besonders großgeschrieben wird, habe ich Samsø, Læsø und Bornholm ebenfalls in diesem Band ausführlich gewürdigt.

Nützliche Links

Dänemark allgemein

Ferienhäuser, die Artikel aus dem Buch in voller Länge und noch mehr Informationen zu Land und Leuten
fejo.dk

Offizielle Website für Dänemark, auch auf Deutsch
denmark.dk

Touristeninformation Visit Denmark
visitdenmark.de

Dänische Botschaft in Deutschland

(Einreisebestimmungen, auch mit Haustieren u.v.m.)
tyskland.um.dk

Einreiseinformationen des deutschen Auswärtigen Amtes
auswaertiges-amt.de

Dänische Wörterbücher
dänisch.de

Offizielle Wetterberichte vom Dänischen Meteorologischen Institut
dmi.dk

Verkehrsinformationen für Dänemark (Trafikinfo)
vejdirektoratet.dk

Fahrplanauskunft mit Routenplan zum Ausdrucken für alle öffentlichen Verkehrsmittel inkl. Fußwegen
rejseplanen.dk

Dänische Gelbe Seiten für die Suche nach Ärzten oder Geschäften, auch als Routenplaner mit sehr guten Satellitenbildern
degulesider.dk

Ärztlicher Bereitschaftsdienst
laegevagten.dk

Feuerwehr Notrufnummer
landesweit 112

Polizei Notrufnummer
landesweit 114

Informationen über Dänemark, speziell für Kinder
kids.denmark.dk

Naturerlebnisse, Wanderwege, Naturparks
naturstyrelsen.dk

Angeln in Dänemark
angeln-in-daenemark.de

Surfspots in Dänemark auf
surfspot.de

Hotspots in Dänemark
openwifi.dk

Videos von Dänemark aus der Luft
von-oben.dk

Urlaubervideos aus Dänemark
youtube.com/fejovideo

Diskussionsforum für alle Fragen rund um Dänemark
dk-forum.de

Dänische Produkte, Reiseführer, Sprachführer und vieles mehr
www.dänemark.shop

Bewertungsportal für Gastronomie und Handel "Byens Bedste"
aok.dk

Kulinarische Führungen durch Aarhus, Aalborg und Kopenhagen
foodwalk.dk

Essen bei Dänen daheim
meetthedanes.com

Aarhus

Offizielle Touristeninformationen online
visitaarhus.de

Information, Bibliothek und Spielplatz in moderner Architektur
dokk1.dk

Fahrradvermietung und geführte Radtouren
cycling-aarhus.dk

Stadtführungen zu verschiedenen Themen
aarhusguiderne.dk

Stadtführungen mit Schwerpunkt Kultur
aarhusculturewalk.dk

Museumsstadt im Botanischen Garten
dengamleby.dk

Naturhistorisches Museum, Wanderwege "Solstråler over Århus"
naturhistoriskmuseum.dk

Moesgaard Museum MoMu
moesgaardmuseum.dk

Kunstmuseum ARoS
aros.dk

Programm und Vorschau auf Theater und Konzerte
aarhusteater.dk

Alternatives Kultur- und Veranstaltungszentrum
godsbanen.dk

Infos zum neuen Stadtviertel Aarhus Ø und dem "Isbjerget"
isbjerget.com

Aalborg

Offizielle Touristeninformation online
visitaalborg.de

Veranstaltungskalender für Aalborg
aalborgevents.dk

Streetartfestival und Stadtspaziergänge
weaart.dk

Kulturzentrum und Touristeninformation
nordkraft.dk

Architektur- und Designzentrum
utzoncenter.dk

Kunstmuseum
kunsten.dk

Maritimes Museum
springeren-maritimt.dk

Hafenrundfahrt in historischem Holzschiff
mskysten.dk

Fahrradvermietung
munk-aalborg.dk

Indoorspielpark für Ältere
funcenter.dk

Indoorspielplatz für Kinder
leoslegeland.dk

Waldkletterpfad
klatreparken.dk

Gemütlicher Zoo
aalborgzoo.dk

Historische Museen in und um Aalborg
nordmus.dk

Kopenhagen

Offizielle Touristeninformation online
visitcopenhagen.de

Rabattkarte für Attraktionen und Nahverkehr
copenhagencard.de

Größte Fahrradvermietung
baisikeli.dk

E-Bikes mit Navi
bycyklen.dk

Offizielle Homepage der Stadt (auf Englisch), mit Parkzonen-Infos
international.kk.dk

Offizielle Homepage des Königshauses
kongehuset.dk

Dänisches Nationalmuseum
natmus.dk

Parkmuseen rund um Schloss Rosenborg
parkmuseerne.dk

Veranstaltungskalender für Musik und Nightlife
kulturnaut.dk

Stadtführungen

Umsonst
neweuropetours.eu/copenhagen
copenhagenfreewalkingtours.dk

Bus, Bahn und Boot
stromma.dk
havnerundfart.dk
dinoffentligetransport.dk
rejseplanen.dk

Sportlich
kayakrepublic.dk
bikecopenhagenwithmike.dk
becopenhagen.dk
cycling-copenhagen.dk
segwaytourscopenhagen.com
dac.dk/en/dac-life/dac-urban-trail

Architekturführungen
dac.dk/en/dac-life/danish-architecture-guide
scaledenmark.dk

Kulinarische Führungen
copenhagenfairytales.dk
cphcool.dk
copenhagen.foodtours.eu

Danke für eure Hilfe!

Dänemark für Genießer – auch dieses Buch war ein Stück Arbeit, bei dem mich wunderbare Kollegen, Freunde und Familie unterstützt haben.

Danke an Inga Petersen, die mir die Vorlage für den Samsø-Artikel geliefert hat, denn sie war schon vor mir auf der schönen Insel und hat den ersten Text geschrieben, den ich nun mit meinen eigenen Erfahrungen ergänzen konnte.

Für das Layout, das sich schon im Band I + II bewährt hat, danke ich Sina und Nils. Wenn sich in den Texten Fehler verstecken, liegt es ganz sicher nicht an den fleißigen Korrekturleserinnen Christel, Jana und Nina, danke euch allen! Sollten wir etwas übersehen haben, bitte ich um ein Feedback, damit wir die nächste Auflage noch besser machen können.

Danke an meine lieben Kolleginnen, besonders an Eva, dass ihr es mir ermöglicht habt, Zeit in den Reiseführer zu investieren. Und immer wieder: Danke Henrik für deinen unerschöpflichen Ideenreichtum und für die Wochen, die ich in „Klausur“ in deinem Ferienhaus auf Fejø verbringen durfte, um dort in Ruhe zu schreiben.

Für die Fotos danke ich Andreas Orzol für Læsø-Bilder sowie meinen Kolleginnen und Kollegen Janina, Franziska, Maike, Madita, Sylvia, Kemal, Henrik und Nils, die viele Bilder von ihren Dienstreisen und Urlauben mitgebracht haben.

Kathrin von Maltzahn

Impressum

3. Auflage, April 2018

Wir freuen uns über Kritik, Verbesserungsvorschläge und Hinweise.

Autor und Redaktion: Kathrin von Maltzahn
Konzeption, Layout, Satz: Kuhrt Kommunikation GmbH
Art Director: Nils Kuhrt
Umschlag: Kathrin von Maltzahn (Titelbild), Daniel Möller Fotografie (Danksagung)

ISBN 978-3-00-055388-2

Kopenhagen
Nyhavn Mole